广东省中小学教学研究"十一五"规划课题研究成果

基础教育
地方课程研究与实践

广东省基础教育地方课程建设研究课题组 著

主 持 人：李文郁
核心成员：（按姓氏笔画排序）
　　　　　伍向平　周凤甫　周顺彬
　　　　　要志东　黄志红　魏恤民

广东高等教育出版社
Guangdong Higher Education Press
·广州·

图书在版编目（CIP）数据

基础教育地方课程研究与实践/广东省基础教育地方课程建设研究课题组著．—广州：广东高等教育出版社，2012.8

广东省中小学教学研究"十一五"规划课题研究成果

ISBN 978 - 7 - 5361 - 4413 - 2

Ⅰ.①基⋯　Ⅱ.①广⋯　Ⅲ.①基础教育－课程－教学研究－广东省　Ⅳ.①G632.3

中国版本图书馆 CIP 数据核字（2012）第 168708 号

出版发行　广东高等教育出版社
　　　　　　地址：广州市天河区林和西横路/510500
　　　　　　营销电话：（020）87553335
　　　　　　网　　址：http://www.gdgjs.com.cn
印　　刷　广东信源彩色印务有限公司
版　　次　2012 年 8 月第 1 版
印　　次　2012 年 8 月第 1 次
开　　本　787 mm×1092 mm　　1/16
印　　张　12.25
字　　数　190 千
印　　数　1～2 000 册
定　　价　30.00 元

前　　言

　　教育部《基础教育课程改革纲要（试行）》（教基〔2001〕17号）指出，地方课程是基础教育课程体系的重要组成部分。研究和建设地方课程，是教育部赋予各省的责任，也是构建广东省基础教育课程体系的重要任务，对指导我省各地进行地方课程和校本课程研究和建设具有重要的意义。

　　为了比较全面和系统地研究和建设地方课程，并为教育行政部门指导和管理地方课程提供决策服务，我们利用申报广东省中小学教学研究"十一五"规划课题的机会，成立课题组，申报了"广东省基础教育地方课程建设研究"，并获得评审通过，课题编号为 J06—109，于是从 2006 年开始，进行了长达 4 年时间的基础教育地方课程研究和实施工作。

　　课题组根据国家有关文件规定和广东经济社会发展对人才发展的需求、学生发展的需求，从解决教育教学的实际问题出发着手研究工作。

　　例如，国家义务教育历史、地理、音乐、美术课程标准对地方教学内容和课时有总体要求，而具体教学内容和要求由各地规定。因此研制广东省义务教育地方历史、地理、音乐、美术课程纲要非常重要，既是国家课程标准的补充，是全面落实国家课程标准的重要举措，也是规范广东省义务教育地方历史、地理、音乐、美术方面教学的需要，对义务教育历史、地理、音乐、美术学科的教学显然具有重要价值。为此，本课题组组织力量研制了《广东省乡土历史课程纲要》《广东省乡土地理课程纲要》《广东省乡土音乐课程纲要》《广东省乡土美术课程纲要》，并依据以上课程纲要组织编制了相应的地方教材和教学资源，从而解决了这方面的教学问题。

再如，国家在普通高中把信息技术作为一个科目来设置，而在义务教育阶段把信息技术放在综合实践活动课程中。广东省根据经济社会发展对人才发展的需求，把信息技术作为义务教育的特色课程，从四年级到九年级独立开设，每周 1 课时。因此，制定体现新课程理念、能满足和体现广东省义务教育信息技术教学需要、与普通高中信息技术课程相衔接的《广东省义务教育信息技术课程纲要》显得非常必要，这对引导和提高广东省中小学信息技术教学质量和水平具有重要价值。为此，本课题组组织力量研制了《广东省义务教育信息技术课程纲要》，并依据本课程纲要组织编制了义务教育信息技术教材和相关教学资源，从而解决了这方面的实际问题。

本课题 2010 年 7 月结题。结题前，均组织专家对各项研究成果进行了认真的论证，并听取专家的意见，进行了认真的修改。课题结题后，为了使课题的各项研究成果上升为省教育厅的指导性文件，省教育厅专门印发了《关于征求〈广东省基础教育地方课程建设指导意见（征求意见稿）〉意见的通知》（粤教教研函〔2011〕5 号），六个地方课程纲要作为地方课程建设指导意见的附件一起征求全省各地的意见。根据各地的意见和建议，课题组对各项研究成果作了进一步的修改完善。在《广东省教育厅关于印发义务教育语文等学科教学指导意见（2012 年版）的通知》（粤教教研函〔2012〕9 号）中，印发了《广东省义务教育信息技术课程纲要（试行）》《广东省乡土历史课程纲要（试行)》《广东省乡土地理课程纲要（试行)》《广东省乡土音乐课程纲要（试行)》《广东省乡土美术课程纲要（试行)》，其他成果在进一步论证及修订中。现把本课题的相关研究内容和成果编印成册，以便总结和交流课题研究成果，促进基础教育地方课程研究水平和质量的进一步提高。敬请各位批评指正。

　　本课题组核心成员伍向平、周凤甫、周顺彬、要志东、黄志红、魏恤民（按姓氏笔画排序）分别按要求完成了各自负责的相对独立的部分，在本课题中的作用是同等的，因此排名不分先后，在本课题中同排为第二名。另外，在完成各自部分任务的过程中，他们还聘请了一些教师参与研究，这里不一一列出。在这里需要特别说明的是，在本课题的研究过程中，还得到了许多领导、专家的大力支持、指导和帮助，在此表示衷心感谢！

李立郎

2012 年 6 月

目　　录

广东省基础教育地方课程建设研究报告

广东省基础教育地方课程建设研究课题组
2010 年 6 月 30 日

"广东省基础教育地方课程建设研究"课题于 2006 年 4 月经广东省教育厅批准，成为广东省中小学教学研究"十一五"规划课题。本课题于 2006 年 11 月开题，并着手相关方面的研究工作，经过 4 年的研究和实践，取得了预期的成果。现报告如下。

一、研究背景和意义

地方课程是基础教育课程体系的重要组成部分。

国外对地方课程的研究较早。美国是地方课程开发最早的国家之一，早在 16 世纪，美国就有了移民自办教育的传统，各个宗主国的办学模式和教育思想就在这块新大陆上扎了根。它决定了美国学校课程从一开始就具有多元化的特征，即课程管理和实施两方面的高度分散和多样性。各州、各学区、各学校一般根据自己认同的观点，确定课程标准，编制具体课程。

苏联解体后，俄罗斯根据实际情况对旧教育体制进行了一定程度的改革。其中，课程改革尤为突出。1992 年 7 月颁布的《俄罗斯联邦教育法》规定，地方教育行政当局和学校在设置课程时，既要有统一的符合世界潮流的标准，又要从自己的实际出发。1993 年，俄罗斯制订了基础教学计划，给地方和学校以较大的课程决策权；推出了《普通教育学校基础教学计划》，规定地方和学校管理课程的时间占总课时量的 25% ~ 30%，其中照顾地区、民族文化特点、儿童兴趣等的地方和学校课程部分，在高中阶段更是达到了 47% 之多。

加拿大的《地方课程开发指南》指出，学校教育局可以开发两种地方课程：必修学分课程和选修学分课程。必修学分课程为学校教育局可以在英语、数学或科学这三种课程中各开发一门地方学分课程，以满足该学科必修学分的要求，而选修学分课程为学校教育局可以在任何学科领域开发地方全学分或部分学分的选修学分课程。

日本在 1998 年公布的中小学课程方案中增设了一门新课程——综合学习。所谓"综合学习"，不是一门课程的名称，也没有既定的课程内容，它只是让各地根据自己的实际情况，开设一门让学生进行"综合学习"的课程。根据新的课程方案，学校在设置这门课程时，要发挥自己的自主权，让学生根据自己的兴趣、特长等，自主选择学习内容。

我国的地方课程发展相对滞后，对其的研究工作开展也相应较迟，起步较晚。但从近年来的研究现状看，地方课程的研究已逐渐成为我国不少教育理论工作者关注的课题，研究工作发展较快，短短几年中，已有不少此类研究论文发表，形成了一定的研究规模。如《地方对基础教育的管理与开发》［成尚荣，彭钢，张晓东. 全球教育展望，2001（8）］、《关于地方课程资源开发与优化配置的思考》［徐学俊. 课程与教学探索，2002（11）］、《关于地方课程建设的几点思考》［卓晴君，徐岩. 中国教育学刊，2002（4）］、《中国大陆地方课程与校本课程的历史、现状与未来》［尹德涛. 中小学教学研究，2002（6）］、《论地方课程及其发展意义》［徐冰鸥. 中国当代教育杂志，2003（9）］、《国外地方课程开发透视》［张伟燧，王双兰. 当代教育论坛，2003（1）］等。从研究内容特色上看，研究者均借鉴了国外同类研究成果，同时立足中国本土，紧扣地方特色。这不仅推动了现阶段地方课程的实验发展，而且为我国地方课程理论的进一步完善提供了丰富的材料。

一些省、自治区、直辖市依据国家的课程政策，加紧了地方课程的研究和实施，相应出台了一些政策文件和发布了一些研究成果。近几年出台的文件有《浙江省基础教育地方课程建设指导意见》《浙江省基础教育地方课程（通用内容）标准（试行）》《江苏省中小学地方课程建设指导意见》《山东省义务教育地方课程和学校课程实施纲要》《辽宁省义务教育地方课程改革方案（试行）》《湖北省义务教育地方课程实施意见》《河南省地方课程课程标准》等。

我省进行这方面的研究是从 20 世纪 80 年代末开始，根据教育部有关编写乡土教材的要求，从编写乡土教材的实际需要出发而进行的，20 世纪 90 年代初编写的乡土教材获得过教育部的表彰，在全国曾经产生一定的影响力，但我省进行这方面的理论研究较少，更缺少系统研究和方法指导，因此我省在地方教材建设方面尽管在全国较为领先，但缺乏指导性、系统性、规范化，因此很有必要进行地方课程的理论与实践研究，以提高我省地方课程建设的质量和水平。

进行地方课程建设研究，既是教育部赋予各省的职责，也是构建我省基础教育课程体系的重要任务，对指导我省各地进行地方课程和校本课程建设具有重要意义。

教育部在基础教育课程设置中对国家课程、地方课程和校本课程都有明确的规定：

在义务教育阶段：综合实践活动、地方课程和校本课程共占总课时的 16% ~20% 。我省 2002 年在《广东省开展基础教育新课程实验推广工作的指导意见》（粤教基〔2002〕12 号）中这些课程设置为占总课时的 17.9% ，在 2008 年印发的《广东省义务教育课程（实验）计划表》（粤教基〔2008〕56 号）中仍设置为占总课时的 17.9% 。

在普通高中阶段：高中学生毕业需修 144 学分，其中：必修 116 学分（含综合实践活动），选修（选修Ⅰ、选修Ⅱ）28 学分以上。按普通高中校历要求教学时间和学分计算方法，三年一般可取得 180 学分。144 学分仅占总学分的 80% 。因此，地方课程和校本课程（选修Ⅱ）共占总课程量约 25% 。

教育部除了历史、地理、音乐、美术等学科课标有地方教学内容的规定外，没有其他更多的规定和指导意见。因此，我省需要建立适应我省实际需要的地方课程体系，以满足地方、学校和学生发展的需要。

首先，乡土历史、乡土地理、乡土音乐、乡土美术分别是国家义务教育历史课程标准、地理课程标准、音乐课程标准、美术课程标准的重要组成部分，有内容和课时要求，是义务教育阶段规定学生要完成的任务，但具体教学内容和要求没有明确规定，而由各地规定。因此，研制广东省义务教育乡土历史、乡土地理、乡土音乐、乡土美术课程纲要非常重要，既是国家课程标准在乡土历史、乡土地理、乡土音乐、乡土美术方面的补充，是全面落实国家课程标准的重要举措，也是规范我省义务教育乡土历史、乡土地理、乡土音乐、乡土美术方面教学的需要和保障措施，对我省中小学历史、地理、音乐、美术学科的教学显然具有重要价值。

其次，国家在普通高中把信息技术作为一个科目来设置，而在义务教育阶段把信息技术放在综合实践活动课程中。我省根据经济社会发展对人才发展的需求，把信息技术作为我省义务教育阶段的地方特色课程，从四年级到九年级独立开设，每周1课时，但教学内容和要求却是参照教育部2000年印发的《中小学信息技术课程指导纲要（试行）》（教基〔2000〕35号）。显然这一纲要已经过时，无论是理念上还是目标任务、内容要求和保障条件上都与现行的《普通高中信息技术课程标准》不衔接，因此，制定一个体现新课程理念、能满足和体现广东省义务教育阶段信息技术教学需要的、与《普通高中信息技术课程标准》相衔接的《广东省义务教育信息技术课程纲要》显得非常必要，对引导和提高我省中小学信息技术教学质量和水平具有重要价值。

再次，小学1~2年级英语课程的构建：一方面是为了全面落实基础教育课程方案，体现英语课程标准对英语课程开设的起始年级和小学、初中毕业时的等级的弹性要求，满足英语课程发展的需要，推进地方课程体系的构建；另一方面，十年课程改革，我省的广州、深圳、珠海、东莞、中山和佛山等市，以及其他一些市区大部分小学先后在1~2年级均已开设英语课程，地方课程纲要的研制有利于课程的分类指导和规范管理，有利于形成中小学英语教学一条龙体系和教学衔接，提高教学实效。

地方课程是一个开放性、发展性的课程，本课题所列的研究内容虽然不完全且也不可能完全，但其研究方法是可以迁移的，将对我省这方面的研究和发展产生重要和长远的影响。

广东省基础教育地方课程建设是构建广东省基础教育课程体系的重要组成部分，本课题将对广东省基础教育课程体系建设起着重要的作用。

二、研究目标和主要内容

（一）研究目标

（1）制定《广东省基础教育地方课程建设指导意见》，内容包括：地方课程建设的指导思想、建设目标、基本原则、主要内容、开发与管理、实施与评价等，从而建立起我省基础教育地方课程建设发展机制，构建起符合国家基础教育课程发展要求、适应广东经济社会发展和学生发展需要的地方课程体系。

（2）编制地方课程纲要，内容包括：课程性质与基本理念、课程目标、课程内容要求、课程实施与评价等。

（3）建立体现广东省基础教育地方课程的地方教材体系。

（二）主要内容

（1）进行基础教育地方课程建设的理论与实践研究，制定《广东省基础教育地方课程建设指导意见》。

（2）进行乡土历史课程研究，制定《广东省乡土历史课程纲要》，编写《广东历史》乡土教材。

（3）进行乡土地理课程研究，制定《广东省乡土地理课程纲要》，编写《广东地理》乡土教材。

（4）进行乡土音乐课程研究，制定《广东省乡土音乐课程纲要》，编写《广东乡土音乐》乡土教材。

（5）进行乡土美术课程研究，制定《广东省乡土美术课程纲要》，编写《岭南民间美术》乡土教材。

（6）进行义务教育信息技术课程研究，制定《广东省义务教育信息技术课程纲要》，编写义务教育《信息技术》地方教材。

（7）进行小学 1～2 年级英语课程研究，制定《广东省小学一二年级英语课程纲要》，编写《儿童英语》地方教材。

三、研究方法

（一）研究路线

从我省亟待解决的几方面的基础教育地方课程实施指导入手，组织我省这几方面的权威专家和教师进行基础教育地方课程建设的理论和实践研究，既有分专题的研究，又有综合的研究，并从我省各地研究开发的众多的地方课程教材案例分析入手，归纳总结出基础教育地方课程建设的目标、原则、内容、方法、要求等。

（二）主要研究方法

本课题主要采用文献研究、调查研究、行动研究等方法进行研究。

四、研究过程

（一）准备阶段（2006 年 3 月至 11 月）

1. 成立课题研究组，任务分工，启动研究工作

组长：李文郁，课题总负责人，负责《广东省基础教育地方课程建设指导意见》的研制工作，参与《广东省义务教育信息技术课程纲要》的研制工作和广东省义务教育《信息技术》地方教材编写工作。

核心成员（排名不分先后）：

要志东：负责义务教育信息技术课程研究、《广东省义务教育信息技术课程纲要》编制和广东省义务教育《信息技术》地方教材编写工作。

魏恤民：负责乡土历史课程研究、《广东省乡土历史课程纲要》编制和《广东历史》乡土教材编写工作。

周顺彬：负责乡土地理课程研究、《广东省乡土地理课程纲要》编制和《广东地理》乡土教材编写工作。

伍向平：负责乡土音乐课程研究、《广东省乡土音乐课程纲要》编制和《广东乡土音乐》乡土教材编写工作。

周凤甫：负责乡土美术课程研究、《广东省乡土美术课程纲要》编制和《岭南民间美术》乡土教材编写工作。

黄志红：负责小学 1～2 年级英语课程研究、《广东省小学一二年级英语课程纲要》编制和《儿童英语》地方教材编写工作。

组长和核心成员根据研究工作的需要，另外聘请数量不等的其他人员参加研究工作。

2．收集有关文献资料

按任务分工，分别收集相关的文献资料。

3．制订研究和实施计划

按任务分工，分别制订各自的研究计划和实施计划，组织各自的研究队伍的研究队伍。

（二）研究实践阶段（2006 年 12 月至 2009 年 12 月）

（1）对基础教育地方课程建设的理论与实践进行系统研究，为制定《广东省基础教育地方课程建设指导意见》和地方课程研究奠定基础。

（2）分组研究义务教育信息技术课程、广东乡土历史课程、广东乡土地理课程、广东乡土音乐课程和广东乡土美术课程，制定《广东省义务教育信息技术课程纲要》《广东省乡土历史课程纲要》《广东省乡土地理课程纲要》《广东省乡土音乐课程纲要》《广东省乡土美术课程纲要》《广东省小学一二年级英语课程纲要》，并分别组织专家论证和进行广泛征求意见。

（3）根据研制的《广东省义务教育信息技术课程纲要》《广东省乡土历史课程纲要》《广东省乡土地理课程纲要》《广东省乡土音乐课程纲要》《广东省乡土美术课程纲要》《广东省小学一二年级英语课程纲要》，修订或重新编写义务教育阶段的《信息技术》《广东历史》《广东地理》《广东乡土音乐》《岭南民间美术》《儿童英语》等地方教材，并按《广东省中小学地方课程教材编写审定管理办法》（粤教基〔2010〕3 号）的有关规定立项、编写、送审。

（4）根据各门地方课程纲要编写的教材使用的反馈情况，修改完善各相应地方课程纲要和教材。

（三）总结提升阶段（2009年1月至2010年6月）

（1）研制《广东省基础教育地方课程建设指导意见》，征求意见并修改完善。

（2）使"指导意见"和"课程纲要"形成政策性或指导性文件。

（3）整理研究成果，总结研究工作，分析存在的问题，明确今后努力的方向，撰写《广东省基础教育地方课程建设研究报告》，编印结题材料。

本课题结题后，为了使课题的各项研究成果上升为省教育厅的指导性文件，省教育厅专门印发了《关于征求〈广东省基础教育地方课程建设指导意见（征求意见稿）〉意见的通知》（粤教教研函〔2011〕5号），六个地方课程纲要作为地方课程建设指导意见的附件一起征求全省各地的意见。根据各地的意见，课题组对各项研究成果作了进一步的修改完善，部分成果被省教育厅采用，在《广东省教育厅关于印发义务教育语文等学科教学指导意见（2012年版）的通知》（粤教教研函〔2012〕9号）中，印发了《广东省义务教育信息技术课程纲要（试行）》《广东省乡土历史课程纲要（试行）》《广东省乡土地理课程纲要（试行）》《广东省乡土音乐课程纲要（试行）》《广东省乡土美术课程纲要（试行）》，其他成果在进一步论证及修订中。

五、研究成果

根据课题研究的预期目标和研究结果，本课题研究最后形成如下七项成果。

（一）《广东省基础教育地方课程建设指导意见》

制定《广东省基础教育地方课程建设指导意见》的主要目的是贯彻落实教育部《基础教育课程改革纲要（试行）》（教基〔2001〕

17号），建立和完善广东省基础教育课程的结构体系，促进国家、地方、学校三级课程体系的形成，全面推进素质教育，同时建立起基础教育地方课程研究、开发、实施和管理的地方课程建设体系和机制，以促进地方课程的发展和完善。本指导意见主要内容包括地方课程建设指导思想、建设目标、基本原则、内容要求、开发与管理、实施与评价等。

1. 指导思想

基础教育地方课程建设，应坚持以"三个面向"和科学发展观为指导，以人为本，遵循教育规律，面向社会需求，增进学生对地方自然、社会、文化及其他相关方面的了解，加强正确价值观的引导，增强学生的社会责任感、创新精神和实践能力，促进学生全面发展；应规范地方课程的开发、实施和管理，促进地方课程与国家课程、校本课程相互补充、相互促进、协调可持续发展，促进教育公平，减轻中小学生的课业负担。

2. 建设目标

目标定位是建立起满足广东经济社会发展需要的、促进学生全面发展素质提高的、有广东特色的基础教育地方课程体系，与国家课程、校本课程一起形成完整的广东省基础教育课程体系；同时建立起基础教育地方课程研究、开发、实施和管理的地方课程建设体系和机制，促进地方课程的发展和完善。

3. 基本原则

地方课程建设应充分利用本地教育资源，反映地方自然、社会、文化，充分体现区域性、综合性、实践性和多样性特点，满足本地经济社会发展和学生学习与发展的需要。在地方课程建设过程中，应遵循以下基本原则：

（1）区域性原则。地方课程的开发应充分考虑时代和本地社会发展对人才培养的需求，应充分和综合利用本地自然资源、人文资源、特色产品等本地特色资源，激发学生热爱自然、热爱家乡、热爱社会、建设家乡、报效祖国、服务人民的感情，培养学生良好的审美情趣和健康、乐观向上的品质，提高学生的科学和人文素养。

（2）适应性原则。地方课程的内容和要求要符合学生的认知发展规律和教育教学规律，应丰富多样、深浅适度、衔接得好、有开放性和发展空间。既要在整体上有统一要求，又要充分考虑区域之间、城乡之间、学校之间和学生之间的差异，让学校和学生可以根据自己的实际情况灵活选择、自由发展，以满足学生学习发展的需要。

（3）实践性原则。地方课程的内容和形式应与学生现实生活紧密联系，让学生在实践活动中自主学习、合作探究，通过实践活动培养学生的创新精神和实践能力，增强学生的社会适应能力。

（4）整合性原则。地方课程的实施应考虑地方课程内容和学校的教学实际，合理安排课时，整合相关教学内容，提高教学效率，减轻学生负担。

4. 内容要求

应以国家基础教育课程结构和内容为基础，根据地方经济社会发展和学生发展的需求，遵循学生认知发展规律和教育教学规律，确定地方课程内容及要求。基础教育地方课程从实施的角度可分为三类：

（1）在国家课时中安排的课程，主要有：义务教育信息技术、广东乡土历史、广东乡土地理、广东乡土音乐、广东乡土美术等。

（2）在地方课时中安排的课程，目前主要有：小学 1～2 年级英语、中小学书法、初中生人生规划等。

（3）专题教育类课程，主要是国家要求在中小学实施的各类专题教育课程，所需课时有的要求在国家相关学科课时中落实，有的要求在地方课时中安排，主要包括中小学生公共安全教育、心理健康教育、健康教育、环境教育、法制教育、国防教育、民族团结教育、艺术教育、科技创新教育等。

5. 开发与管理

应要求各级教育行政部门规划和管理好本地的地方课程，并指导中小学校的实施工作；应指导地方课程教材的立项、编写和使用工作，应使各地明确地方课程教材的立项、编写、审定和使用要严格按照《广东省中小学地方课程教材编写审定管理办法》（粤教基〔2010〕3 号）执行。

6. 实施与评价

应使中小学校明确学校要按照教育部颁布的课程方案和省教育厅颁布的课程计划，以及本校的实际情况，合理安排国家课程、地方课程和校本课程及课时，学校要保证学生在各年级有机会学习多样化的、符合年龄特征的地方课程；地方课程教学组织形式可灵活多样，可以是课堂教学、专题讲座，也可以是学生演讲、讨论交流、动手操作、实践体验、研究探索等活动，使学生群体融入社会，增强学习信心，发展个性，提高实践能力和创造能力，应重视地方课程教学方式方法的探索，提高地方课程的教学水平和质量；地方课程的评价可以采用考核的方式，要注重对学生进行过程性评价，要把教师评价、学生自我评价和集体评价结合起来，可采取操作、实验、考察、比赛、报告、作品展示、集体交流等多种方式进行评价，地方课程一般不组织书面考试。

在《广东省基础教育地方课程建设指导意见》的指导下，义务教育信息技术，历史，地理，音乐，美术，1～2年级英语的课程纲要按照新课程的基本理念，着重对课程目标和内容要求进行了调查、研究、编制、实践和修改完善，课程纲要基本框架为：课程性质和基本理念、课程目标、内容要求、实施建议。各个科目均根据课程纲要编写了相应的地方教材

（二）《广东省义务教育信息技术课程纲要》和义务教育《信息技术》教材

1. 课程目标定位

《广东省义务教育信息技术课程纲要》以培养学生信息技术的初步应用能力、养成良好的信息素养为课程目标。表现在：具备信息技术的基本知识；能积极、正确、有效地应用信息系统，逐步融入社会的信息活动之中；掌握信息的获取、管理、加工、表达、交流与评价的技能与方法；养成良好的信息活动行为习惯，遵守信息社会相关的法律法规与伦理道德。

2. 课程内容要求

（1）小学阶段以"综合活动"为主要特征，通过主题活动的方

式，让学生在形式多样的活动中快乐学习，感受信息技术在学习、生活中的应用，认识信息技术的影响和作用，激发学生对信息技术学习的兴趣和主动应用信息技术的意识，主要包括如下主题：感受身边的信息技术；计算机在读、写、画、玩中的简单使用；文字、图片和表格的简单处理；用因特网获取和交流信息；多媒体技术的简单应用；计算机程序的简单应用。

（2）初中阶段以日常信息活动中所需要的信息技术为主线，通过学生参与"信息活动"，运用以计算机为核心的信息技术解决日常学习生活中的问题，逐渐增进对大众信息技术的把握，养成良好的信息道德规范，感受和领悟信息文化，主要包括如下主题：信息与信息技术；计算机基础知识及基本操作；软件应用基础；网络应用基础；图文排版的一般应用；数据处理初步；多媒体技术应用初步；程序设计与机器人初步。

根据课程目标、内容要求和广东省各地义务教育学校的教学实际，本课程纲要还提出了课程实施建议，以规范中小学信息技术教学工作，提高教学质量和水平。

3. 信息技术教材

义务教育信息技术教材是依据本课程纲要编写的，力求体现先进的教育教学思想，以激发学生的学习兴趣、满足学生的学习需要、方便学生学习和教师教学为基本原则，教材充分体现课程的理念、目标和内容要求，根据学生的认知特点和已有经验，以问题解决为基本思想，围绕学生的日常学习与生活需求，以主题的方式，在信息技术应用、信息技术与社会实践相互作用的基础上提升学生的信息素养；教材弹性设计充分考虑校际差异和学生起点水平及个性差异，教学内容的形式和要求多样化、多层次，供不同地区学校和不同发展潜能的学生自主选择学习；教材体例设计运用教学设计的思想与方法，体现自主、合作、探究的学习方式，促进三维目标的有效融合，以适应学生学习和方便教师教学。

（三）《广东省乡土历史课程纲要》和《广东历史》乡土教材

1. 课程目标定位

《广东省乡土历史课程纲要》根据历史学科和历史教学的特点，全面发挥历史教育的功能，尊重历史，追求真实。希望通过乡土历史课程的学习，使学生了解广东历史发展概况，进而理解和把握中国、世界的发展大势，增强历史洞察力和历史使命感，增强历史意识，汲取历史智慧，开阔视野；吸收广东先民所创造的优秀文明成果，加深学生对家乡、对社会的认识，增强学生的社会责任感，培养学生热爱广东、热爱家乡的真挚情感，弘扬爱国主义精神，陶冶关爱人类的情操。

2. 课程内容要求

课程内容分为古代广东、近代广东和现代广东三个学习板块。

（1）古代广东板块学习从原始居民的产生到1840年间广东地区所发生的重大史实，学习主题包括：岭南文明的发端；岭南三大民系的形成；广东建制的演变；广东区域中心城市的变迁；重商之所；海上丝绸之路；岭南农业和手工业；兼容并包的岭南文化。

（2）近代广东板块学习从1840年到1949年发生在广东的重大史实，学习主题包括：反抗西方列强侵略的前沿阵地；中国民族经济的摇篮；民主革命的策源地；国民革命的大本营；工农运动的发祥地；中国近代文化的发祥地；广东的解放。

（3）现代广东板块主要学习1949年以后广东的发展，特别是在全国率先改革开放的史实，学习主题为：改革开放先行一步。

3. 乡土历史教材

《广东历史》教材按照《广东省乡土历史课程纲要》的要求编写。坚持以马克思主义、毛泽东思想、邓小平理论和"三个代表"重要思想为指导，落实科学发展观；坚持以人为本，贴近实际、贴近生活、贴近学生，引导学生将广东历史文化与祖国历史文化、人类社会历史结合起来学习，在历史文化的熏陶下，理解人生的价值和意义，逐渐形成正确的世界观、人生观和价值观；坚持以辩证唯物主义和历史唯物主义为指导，客观地分析发生在广东的历史事件、历史人物和历史现象，引领学生获得学习广东历史的基本知识和技能，初步了解广东社会历史发展的基本过程，协同国家历史课程，引导学生将认识家乡与认识国情统一起来，将爱乡、爱国情感统一起来，继承和发扬中华民族的优秀文化传统，树立民族自尊心；认真贯彻《中共中央　国务院关于进一步加强和改进未成年人思想道德建设的若干意见》（中发〔2004〕8号）文件要求："深入进行中华民族优良传统教育和中国革命传统教育、中国历史特别是近现代史教育，引导广大未成年人认识中华民族的历史和传统，了解近代以来中华民族的深重灾难和中国人民进行的英勇斗争，从小树立民族自尊心、自信心和自豪感。"

（四）《广东省乡土地理课程纲要》和《广东地理》乡土教材

1．课程目标定位

《广东省乡土地理课程纲要》根据国家义务教育地理课程标准要求编制，补充和拓展地理课程标准所规定的课程内容。进一步培养和提高学生学习地球科学知识、认识人类活动与地理环境的关系，进一步掌握地理学习和地理研究方法，树立可持续发展观念；帮助学生认识学校所在地区的生活环境，引导学生学以致用，培养学生实践能力，增强学生爱国、爱家乡的情感；从学生的全面发展和终身学习出发，构建体现现代教育理念、反映地理科学发展、适应社会生产生活需要。乡土地理课程目标为：

（1）了解家乡的自然地理环境的主要特征，以及自然地理环境各要素之间的相互关系。

（2）了解广东人类活动对地理环境的影响，理解广东人文地理环境的形成和特点，认识家乡可持续发展的意义及主要途径。

（3）认识省内或地区内区域差异，了解不同区域可持续发展面临的主要问题和解决途径。

（4）获得地方地理基本技能，发展地理思维能力，初步掌握学习和探究地方地理问题的基本方法和技术手段。

（5）激发学生探究地方地理问题的兴趣，增强认识家乡、热爱家乡、建设家乡的情感，树立科学的人口观、资源观、环境观和可持续发展观念。

2．课程内容要求

乡土地理课程内容由自然地理、人文地理和环境中面临的重大问题三大板块组成，涵盖现代地理学的基本内容，体现自然地理、人文地理和区域地理的联系与融合。

（1）自然地理内容：位置与区划、自然环境特征、自然资源特征、环境问题与可持续发展。

（2）人文地理内容：人口变化、城市分布与特征、农业特征、工业特征、地域联系、旅游特征。

（3）区域地理内容：北部山区、东西两翼地区、珠江三角洲、泛珠三角区域合作。

3．乡土地理教材

《广东地理》教材按照《广东省乡土地理课程纲要》的要求编写，用地理学研究的特点——综合性和区域性原理阐述广东地区人口、资源、环境和发展等问题，通过研究乡土各种自然要素（地形、气候、水体、动植物、土壤等）、人文要素（农业、工业、交通、商贸、人口等）的空间组成、特征及其相互联系，揭示地理环境以及人类活动与地理环境相互关系、空间运动、空间演变的规律，如人口增长、自然灾害、土地利用、环境污染、人口流动、产业转移、文化民族等问题的产生机制、原因以及解决这些问题的方法与途径，培养学生从身边生活环境中发现地理问题、解决问题的能力，树立人地关系的观点、可持续发展观念，促进学生认识家乡所在地区的生活环境，引导学生学以致用，培养学生实践能力，增强爱国、爱家乡的情感。

（五）《广东省乡土音乐课程纲要》和《广东乡土音乐》教材

1．课程目标定位

《广东省乡土音乐课程纲要》主要依据国家基础教育课程改革纲要要求编制，体现新课程改革理念和要求，充分发挥地方音乐课程对国家音乐课程的补充和完善，力图与国家音乐课程相互衔接、补充，形成系统且具有广东特色的中小学音乐课程体系。乡土音乐课程目标为：

（1）了解地方音乐的表现技能和表现要素，以及地方音乐的体裁、结构和表现形式等基础知识，初步掌握地方音乐的演唱、演奏的技能。

（2）了解地方音乐的代表人物与简要的发展历史，初步识别和区分不同地方音乐的题材、体裁及风格特征。

（3）认识不同地方音乐艺术门类的主要表现手段和形式特征，

能运用所学的地方音乐表现技能，参与地方音乐文化实践活动，认识和理解地方音乐文化与社会生活的关系。

（4）通过丰富的地方音乐学习实践活动，培养学生关注、理解和爱好地方音乐，丰富情感体验，陶冶高尚情操，提高学生对地方音乐的鉴赏、表现与创造能力，以及音乐文化素养，形成对本地区、本民族音乐文化的认同，使学生热爱家乡、热爱民族、热爱中华民族的音乐文化。

2．课程内容要求

广东省乡土音乐课程内容按国家音乐课程标准的感受与鉴赏、表现、创造、音乐与相关文化四个教学领域来呈现教学内容，根据广东地区三大语系所形成的音乐体系，可划分为广府音乐（广东音乐）、客家音乐、潮汕音乐，也可根据各个地区、学校的自身特色和当地的音乐文化特征来选择。每个地方音乐体系中，涵盖有声乐、器乐、舞蹈音乐、说唱音乐、戏曲（剧）音乐五个门类。根据少年儿童认知发展规律的不同，分为学段一（小学 1～3 年级）、学段二（小学 4～6 年级）、学段三（初中 7～9 年级）三个学段，按照学生认知规律与不同年龄特征，把地方音乐的五个门类的教学内容合理分配到三个学习水平阶段，五个不同门类教学内容与三个不同学段相互渗透，相互衔接，形成义务教育地方音乐课程体系。

3．乡土音乐教材

《广东乡土音乐》教材根据《广东省乡土音乐课程纲要》要求编写，力求体现地方课程对国家课程的补充性和教学内容的可选择性，反映当前先进的教育教学思想，以贴近学生生活、贴近社会文化、贴近民俗民情、激发学生学习兴趣、满足学生对乡土音乐文化的需求、方便乡土音乐教学活动的开展为原则，培养学生对地方音乐文化的关注和兴趣，传承广东地方音乐文化，提高学生音乐审美能力和音乐素养。

（六）《广东省乡土美术课程纲要》和《岭南民间美术》教材

1．课程目标定位

《广东省乡土美术课程纲要》根据义务教育美术课程标准要求编

制，体现新课程的基本理念，形成我省中小学美术课程的完整体系，彰显我省中小学美术教育特色，让学生了解自己家乡的人与自然、社会的关系和满足自身艺术素质发展的需要，以进一步培养和提高学生的审美意识、美术素养，培养学生健全的人格，培养学生热爱祖国、热爱广东、热爱家乡的美好情感，促进个性发展，是对义务教育美术课程标准的补充和拓展。乡土美术课程的目标为：

（1）通过地方美术课程资源开发和地方美术课程教学，使学生从美术的角度认识广东地域文化，了解广东不同地方出现的丰富多彩、独具特色的器物造型和艺术造型及其功能、方法和意义。

（2）通过物质形态的实物、图像、影像资料了解地方文化，并通过对地方文化资源的形态、色彩、材质、功能以及制作方法的分析，来认识地方文化中所蕴含的当地人民的生存方式、价值观，激发学生学习的兴趣，培养学生对家乡优秀美术传统的热爱。

（3）培养学生实际技能与能力，发展综合实践能力，开发创造潜能，培养创新精神和解决问题的能力。

2. 课程内容要求

广东省乡土美术课程内容设广东民居、广东画家及作品介绍、雕刻手工技艺、陶瓷手工技艺、其他手工技艺等五类，按分布地域可分为广府美术、潮汕美术、客家美术三大板块。对五类学习内容，在比例上不作具体的规定，各地可根据情况灵活安排；对三大板块内容各地可根据当地情况有侧重地选择学习。本课程纲要从"造型·表现"、"设计·应用"、"欣赏·评述"和"综合·探索"四个美术学习活动领域提出了广东乡土美术课程内容的成就标准，标准为检测内容学习达成度的要点。

3. 乡土美术教材

广东乡土美术教材《岭南民间美术》依据《广东省乡土美术课程纲要》要求编写，体现先进的教育教学思想，以激发学生的学习兴趣、满足学生的学习需要、方便学生学习和教师教学为基本原则。教材精心设计了不同的学习内容：介绍广东地区最有代表性的不同区域的民居样式，增进学生对家乡的传统民居的了解和全省不同的人文环境和自然环境的认识，还介绍了广东省陶瓷类民间美术、雕刻类民间美术及其他类型民间美术。各章的设置体现学科特征，各课之间为并列关系而非序列关系，便于全省各地学校根据各自的具体情况而选用。

（七）《广东省小学一二年级英语课程纲要》和《儿童英语》教材

1. 课程目标定位

《广东省小学一二年级英语课程纲要》参考义务教育英语课程标准的理论框架和标准体系，体现新课程的基本理念，是国家义务教育英语课程的补充和拓展。小学 1~2 年级英语课程目标为：

（1）激发和培养学生对英语的好奇心和学习英语的兴趣，帮助学生树立自信心，养成良好的入门学习习惯，知道与人合作在英语学习中的重要性。

（2）让学生初步感受英语语言和文化，形成初步的语音、语调良好基础，引导学生乐于用英语进行简单的交流。

（3）开发学生观察、记忆、想象和思维能力，为学生今后的英语学习和个人发展打下良好的基础。

2. 课程内容要求

广东省小学 1~2 年级英语课程内容要求遵循少儿外语学习的基本规律和 6~8 岁儿童生理和心理发展的特点，突出少儿英语教学特点，反映地方或社区发展对学生英语素养发展的基本要求，贴近学生的生活和学习，符合学生的认知能力。内容主要包括话题、功能用语、语音、词汇和语法等，教学中可根据实际情况对其做出相应的调整和增删。

（1）话题。主要包括下列八个话题：个人情况；家庭、朋友与周围的人；日常活动；学校生活；兴趣与爱好；饮食；天气和衣着；玩具和动物。

（2）功能用语。是在特定交际环境下的基本用语，要求学生能听懂会说，主要包括如下几方面：问候；介绍；告别；感谢；道歉；

邀请；祝愿和祝贺；就餐；建议；同意和不同意；喜欢和不喜欢；能够和不能够；表扬和鼓励；高兴；惊奇；满意；遗憾；颜色。

（3）语音。主要通过朗读单词、句子、对话和小诗歌，讲故事，唱歌曲，玩游戏等活动让学生去模仿和感受，并自然形成初步语感和语音基础，语音知识不需要给学生讲解。

（4）词汇。主要包括话题核心词汇，只要求学生能听懂会说，可根据实际需要在150～250个总词汇量中增减。

（5）语法。含有语法项目的词语和句子要求教师引导学生通过语境理解其词义和语义，不作学习要求。

3. 地方英语教材

广东小学1～2年级地方英语教材《儿童英语》依据《广东省小学一二年级英语课程纲要》要求编写，力求遵循儿童语言学习规律和特点，充分体现入门阶段学生的兴趣、爱好、愿望等学习需求和心理需求，在内容、目标和要求方面体现语言的工具性和人文性统一，紧密联系学生的实际生活，提供生动活泼地道的语言材料，设置尽量真实的语言学习情境，组织具有交际意义的游戏活动，以培养学生学习兴趣、初步的语音能力和用英语做事情的能力，同时为学生的全面和长远发展，特别是人文素养的提高和思维能力的发展打下良好的基础。

乡土历史、地理、音乐、美术等地方课程重点突出区域性，主要反映广东区域的历史、自然和人文地理环境、文化艺术等区域特色资源，以激发学生了解家乡、热爱家乡、建设家乡、服务人民的情感，提升人文素养；同时注意适应性，使内容要求丰富多样、深浅适度、有开放性和发展空间，让学校和学生可以灵活选择、自由发展。这几门课的教学注意与相应学科的国家课程紧密结合，加强实践性，以减轻负担、提高教学效果。义务教育信息技术主要考虑我省经济社会发展对人才培养的需求，同时考虑各地的适应性，既在整体上有统一要求，又能充分考虑区域、城乡、学校和学生之间的差异，以满足学生学习发展的需要，因课时少和设备因素影响，教师应加强课程、教材与教法研究，提高课堂教学效率。小学1～2年级英语主要是为学生后续的英语学习打下良好的基础而设置的，应注意开课的师资条件、学生的趣味和负担情况以及区域学校的公平性，以免给后续的教学和学生发展带来负面影响。

六、存在问题和今后努力方向

（一）存在问题

1. 本课题不足之处

对基础教育地方课程实践应用方面的研究关注得比较多，而对理论方面的研究关注得相对较少，理论研究有待进一步深入；研究的内容涉及面仍不够广，许多方面未进行或未深入研究。

2. 地方课程建设不足之处

一是对地方课程的认识不足，重视不够，研究与开发不够，地方课程可有可无；二是学生学习国家课程的负担过重，没有时间顾及地方课程，地方课程难以实施；三是对地方课程的研究、开发和实施缺乏指导，开发和实施效率不高；四是对地方课程的评价和管理不到位，地方课程难以保障。

（二）今后努力方向

（1）本课题要注意关注基础教育地方课程理论方面的研究，进一步提高本课题的研究水平和研究成果，同时进一步扩大基础教育地方课程研究的面，使我省基础教育地方课程的系统性更强。

（2）做好宣传和指导工作，并采取必要的措施，解决地方课程建设方面存在的问题：一是提高对地方课程重要性的认识，加大研究与开发的力度，提高地方课程建设的水平和质量；二是采取切实可行的措施，减轻学生学习国家课程过重的负担，维持学生学习地方课程的时间；三是加强地方课程的研究、开发和实施指导，提高开发和实施的效率；四是加强课程与教学的管理和监督检查，以保证国家课程、地方课程和校本课程的合理实施，促进学生的全面发展。

参考文献

1. 教育部. 基础教育课程改革纲要（试行）. 教基〔2001〕17 号.

2. 中共中央国务院. 国家中长期教育改革和发展规划纲要（2010—2020 年）.

3. 中共广东省委、省人民政府. 广东省中长期教育改革和发展规划纲要（2010—2020 年）.

4. 教育部. 关于印发义务教育全日制学校语文等 18 科课程标准（实验稿）的通知. 教基〔2001〕21 号.

5. 教育部. 关于印发义务教育语文等学科课程标准（2011 年版）的通知. 教基二〔2011〕9 号.

6. 广东省教育厅. 广东省义务教育课程（实验）计划表. 粤教基〔2008〕56 号.

7. 侯怀银，徐冰鸥. 近年来我国地方课程研究的回顾与反思. 江苏省盐城市教育科研网，2006 - 07 - 07.

8. 辜伟节. 略论地方课程开发的基本思路 [J]. 教育发展研究，2002 (11).

9. 张伟燧，王双兰. 国外地方课程开发透视 [J]. 当代教育论坛，2003 (1).

10. 卓晴君，徐岩. 关于地方课程建设的几点思考. 中国教育学刊，2002 (4).

11. 徐冰鸥. 论地方课程及其发展意义. 中国当代教育杂志，2003 (9).

12. 许洁英. 国家课程、地方课程和校本课程的含义、目的及地位. 教育研究，2005 (8).

研究成果一

广东省基础教育地方课程建设指导意见

（征求意见稿修订稿）

教育部《基础教育课程改革纲要（试行）》（教基〔2001〕17号）要求："为保障和促进课程适应不同地区、学校、学生的要求，实行国家、地方和学校三级课程管理。……省级教育行政部门依据国家课程管理政策和本地实际情况，制订本省（自治区、直辖市）实施国家课程的计划，规划地方课程，报教育部备案并组织实施。"教育部《关于深化基础教育课程改革 进一步推进素质教育的意见》（教基二〔2010〕3号）要求："进一步完善基础教育课程体系。以'三个面向'为指导，构建体现先进教育思想理念的、开放兼容的基础教育课程体系，全面提升学生的科学、人文素养。""全面落实基础教育课程方案。……在达到国家规定的基础教育基本质量要求的前提下，有条件的地区和学校可逐步提高地方课程和学校课程的设置比例。各地要因地制宜地做好地方课程和学校课程的规范管理和分类指导。"《国家中长期教育改革和发展规划纲要（2010—2020年）》要求："深入推进课程改革，全面落实课程方案。"《广东省中长期教育改革和发展规划纲要（2010—2020年）》要求："全面推进素质教育。"《广东省建设文化强省规划纲要（2011—2020年）》要求："大力培育以社会主义核心价值体系为灵魂、以岭南优秀历史文化传统为底蕴、以现代文明素质为特征的新时期广东人文精神。""到2020年，形成特色鲜明的岭南文化和现代开放型文化体系。"为贯彻落实国家和省有关文件精神，建立和完善我省基础教育地方课程体系，促进国家、地方、学校三级课程及管理体系的完善，全面推进素质教育，根据我省基础教育教学实际，对基础教育地方课程建设提出如下指导意见。

一、指导思想

基础教育地方课程建设，坚持以"三个面向"和科学发展观为指导，以人为本，遵循教育规律，面向社会需求，增进学生对地方自然、社会、文化及其他相关方面的了解，加强正确价值观的引导，增强学生的社会责任感、创新精神和实践能力，促进学生全面发展。

规范地方课程的开发、实施和管理，促进地方课程与国家课程、校本课程相互补充、相互促进、协调可持续发展，促进教育公平，减轻中小学生的课业负担。

二、建设目标

建立起满足广东经济社会发展需要的、促进学生素质全面发展提高的、有广东特色的基础教育地方课程体系，与国家课程、校本课程一起形成完整的广东省基础教育课程体系。

建立起基础教育地方课程研究、开发、实施和管理的地方课程建设体系和机制，促进地方课程的发展和完善。

三、基本原则

地方课程建设应充分利用本地教育资源，反映地方自然、社会、文化，充分体现区域性、综合性、实践性和多样性特点，满足本地经济社会发展和学生学习发展的需要。在地方课程建设过程中，应遵循以下基本原则：

（一）区域性原则

地方课程的开发应充分考虑时代和本地社会发展对人才培养的需求，应充分和综合利用本地自然资源、人文资源、特色产品等本地特色资源，激发学生热爱自然、热爱家乡、热爱社会、建设家乡、报效祖国、服务人民的感情，培养学生良好的审美情趣和健康、乐观向上的品质，提高学生的科学和人文素养。

（二）适应性原则

地方课程的内容和要求要符合学生的认知发展规律和教育教学规律，应丰富多样、深浅适度、衔接得当、有开放性和发展空间。既要在整体上有统一要求，又要充分考虑区域之间、城乡之间、学校之间和学生之间的差异，让学校和学生可以根据自己的实际情况灵活选择、自由发展，以满足学生学习发展的需要。

（三）实践性原则

地方课程的内容和形式应与学生现实生活紧密联系，让学生在实践活动中自主学习、合作探究，通过实践活动培养学生的创新精神和实践能力，增强学生的社会适应能力。

（四）整合性原则

地方课程的实施应考虑地方课程内容和学校的教学实际，合理安排课时，整合相关教学内容，提高教学效率，减轻学生负担。

四、内容要求

以国家基础教育课程结构和内容为基础，根据地方经济社会发展和学生发展的需求，遵循学生认知发展规律和教育教学规律，确定地方课程内容及要求。基础教育地方课程从实施的角度可分为三类：

（一）在国家课时中安排的课程

这类课程主要有：义务教育信息技术、广东乡土历史、广东乡土地理、广东乡土音乐、广东乡土美术等。

综合实践活动是国家必修课程，其内容主要包括：信息技术教育、研究性学习、社区服务与社会实践以及劳动与技术教育。我省根据经济社会发展对人才发展的需求，在《义务教育课程（实验）计划表》（粤教基〔2008〕56号）中把信息技术从综合实践活动中分出单列（包括课时），以彰显我省的信息技术教育特色，从四年级至九年级开设，每周1课时。义务教育阶段信息技术课程主要是培养学生信息技术的初步应用能力，养成良好的信息素养。应研究制定义务教育阶段信息技术课程纲要，以明确课程内容与要求，规范教学行为，提高教学效果。

国家义务教育历史、地理、音乐、美术、历史与社会课程标准中要求用学科课程总课时 10% 左右的时间补充地方教学内容，增加学生对地方的自然、人文和社会方面的了解，使学生认识家乡、热爱家乡、服务社会。应研究制定义务教育乡土历史、地理、音乐、美术课程纲要，以明确课程内容与要求，规范教学行为，提高教学效果。

（二）在地方课时中安排的课程

这类课程我省目前主要有：小学 1～2 年级英语，中小学书法，初中生人生规划等。

为了进一步提高中小学英语的教育质量，我省鼓励有条件的地方在不增加学生负担的前提下，以县域为单位在小学 1～2 年级开设英语课程，每周 2 课时。小学 1～2 年级英语课程主要是激发学生学习英语的兴趣，为学生中高年级的学习奠定基础。应研究制定小学 1～2 年级英语课程纲要，以明确课程内容与要求，规范教学行为，提高教学效果。

中小学书法教育按照《广东省教育厅关于加强中小学书法教育的意见》（粤教研〔2007〕4 号）的有关要求执行。

初中生人生规划按照《广东省教育厅关于开展"初中生人生规划指引"专题教育的实施意见》（粤教思〔2008〕15 号）的有关要求执行。

各地可根据本地的社会发展和科技进步对人才发展的需求，在地方课程课时允许的情况下，研发本地的基础教育特色课程，对本地的中小学生进行教育。

（三）专题教育类课程

这类课程主要是国家要求在中小学实施的各类专题教育课程，所需课时有的要求在国家相关学科课时中落实，有的要求在地方课时中安排。主要包括中小学生公共安全教育、心理健康教育、健康教育、环境教育、法制教育、国防教育、民族团结教育、艺术教育、科技创新教育等。

中小学生公共安全教育按照《国务院办公厅关于转发教育部〈中小学公共安全教育指导纲要〉的通知》（国办发〔2007〕9 号）的有关要求执行。

中小学心理健康教育按照《教育部关于印发〈中小学心理健康教育指导纲要〉的通知》（教基〔2002〕14 号）的有关要求执行。

中小学健康教育按照《教育部关于印发〈中小学健康教育指导纲要〉的通知》（教体艺〔2008〕12 号）和《教育部办公厅关于印发〈中小学生预防艾滋病专题教育大纲〉、〈中小学生毒品预防专题教育大纲〉、〈中小学生环境教育专题教育大纲〉的通知》（教基厅〔2003〕3 号）的有关要求执行。

中小学环境教育按照《国务院关于落实科学发展观加强环境保护的决定》（国发〔2005〕39 号）和《教育部关于印发〈中小学环境教育实施指南（试行）〉的通知》（教基〔2003〕16 号）的有关要求执行。

中小学法制教育按照《中宣部、教育部、司法部、全国普及法律常识办公室关于印发〈中小学法制教育指导纲要〉的通知》（教基〔2007〕10 号）、《广东省知识产权局、广东省教育厅联合印发广东省中小学知识产权教育试点示范工作的通知》（粤知〔2006〕76 号）等文件的有关要求执行。

中小学国防教育按照《中华人民共和国国防教育法》（2001 年 4 月 28 日颁布）、国家国防动员委员会《全民国防教育大纲》（2006 年 12 月 7 日公布施行）和《教育部、总参谋部、总政治部关于印发〈高级中学学生军事训练教学大纲〉的通知》（教体艺〔2003〕1 号）等法律文件的有关要求执行。

中小学民族团结教育按照《国务院关于深化改革加快发展民族教育的决定》（国发〔2002〕14 号）和《教育部办公厅、国家民委办公厅关于印发〈学校民族团结教育指导纲要（试行）〉的通知》（教民厅〔2008〕9 号）的有关要求执行。

中小学艺术教育按照《全日制义务教育音乐课程标准（实验

稿)》（教基〔2001〕21 号）、《全日制义务教育美术课程标准（实验稿)》（教基〔2001〕21 号）和《教育部关于进一步加强中小学艺术教育的意见》（教体艺〔2008〕8 号）等文件的有关要求执行。

中小学科技创新教育按照《中共中央国务院关于实施科技规划纲要增强自主创新能力的决定》（中发〔2006〕4 号）、《国务院关于印发〈全民科学素质行动计划纲要（2006—2010—2020 年)〉的通知》（国发〔2006〕7 号）、《全民科学素质工作领导小组关于印发〈全民科学素质工作领导小组工作规则〉和〈全民科学素质行动计划纲要实施工作方案〉的通知》（全科组发〔2006〕1 号）等文件的有关要求执行。

这类课程的教学方式可灵活多样，既可利用各种主题活动进行，可渗透在各相关学科的教学活动中，也可通过整合、综合、集中的方式进行专门的专题教育，要注意教育的针对性和有效性。

五、开发与管理

（1）省教育厅依据《基础教育课程改革纲要（试行)》等有关文件精神和本省实际，规划并统筹管理全省的地方课程；各级教育行政部门要规划和管理本地的地方课程，并指导中小学校的实施工作。地方课程课时应达到国家规定的课时比例，不得移作他用。

（2）各级教育行政部门要重视地方课程建设，要把地方课程建设作为深化基础教育课程与教学改革、全面实施素质教育的重要内容，要发挥高等院校、教研机构以及社区等各方面的力量，参与和支持基础教育地方课程建设。

（3）地方课程的教材的立项、编写、审定与使用，应严格按照《广东省中小学地方课程教材编写审定管理办法》（粤教基〔2010〕3 号）执行。

（4）要加强地方课程的管理，既要督促学校落实地方课程的开设，又要防止地方课程出现应试化、盲目性和随意性，保证地方课程的健康发展。

六、实施与评价

（1）中小学校要按照教育部颁布的课程方案和省教育厅颁布的课程计划，以及本校的实际情况，合理安排国家、地方和校本课程及课时。

（2）教育行政部门和教研部门要加强对学校选择地方课程的指导。学校要保证学生在不同年级有机会学习多样化的、符合年龄特征的地方课程。

（3）各地教育行政部门和学校要鼓励教师担任地方课程的教学和指导工作。要把地方课程的教学任务计入到教师工作量当中。要组织教师开展经常性的教学研究、经验交流活动，提高地方课程的实施水平，促进教师的专业发展。

（4）地方课程教学组织形式可灵活多样，可以是课堂教学、专题讲座、放电影录像，也可以是学生演讲、讨论交流、动手操作、实践体验、研究探索等活动，使学生群体融入社会，增强学习信心，发展个性，提高实践能力和创造能力。教师要重视地方课程教学方式方法的探索，提高地方课程的教学水平和质量。

（5）地方课程的评价可以采用考核的方式，要注重对学生进行过程性评价，注重学生基础知识的掌握和对本土文化的认识与理解的评价，注重对学生综合应用知识于实践的能力的评价。要把教师评价、学生自我评价和集体评价结合起来，可采取操作、实验、考察、比赛、报告、作品展示、集体交流等多种方式进行评价。地方课程一般不应组织书面考试。

研究成果二

广东省义务教育信息技术课程纲要

（试行）

目　　录

第一部分　课程性质和基本理念

21 世纪以来，信息技术迅猛发展，快速改变着人们的工作、学习和生活方式，人类社会已大踏步进入信息化时代。传统的读、写、算已不足以适应信息社会的要求，学会搜集、判断、处理和利用信息，成为当今国家对基础教育阶段人才培养的基本任务之一。

一、课程性质和价值

义务教育信息技术课程是为了适应信息时代对人才培养提出的新要求而设置的，以综合实践活动的一个学习领域作为课程形态的必修课程，以培养学生信息素养、发展学生的信息技术能力为主要目标，旨在帮助学生掌握信息时代生存与发展所需的信息技术基础知识与基本技能，形成在日常生活与学习中应用信息技术解决问题的基本态度与基本能力，养成健康规范的行为习惯与信息安全意识，为适应信息社会的发展打下基础。

义务教育阶段的信息技术课程的性质和价值主要体现在以下几个方面：

（一）基础性

义务教育阶段的信息技术课程具有基础性。体现在：课程所培养的基本的信息素养与信息技术能力是学生学习其他学科的基础，是学生转变学习方式的基础，也是学生迎接信息社会挑战与终身发展的基础。

（二）实践性

义务教育阶段的信息技术课程强调实践性。动手实践是信息技术课程最基本的学习方式，学生在学习过程中既要动脑思考，更要动手实践。在实践中熟练技能，在实践中探究规律，在实践中创作作品，在实践中积累经验，在实践中追求创新。死记硬背，单说不练，不可能学好信息技术。信息技术课程对学生实践探究能力的培养具有重要作用。

（三）应用性

义务教育阶段的信息技术课程具有应用性。课程本身就是为了培养学生在日常学习生活中基本的信息技术应用知识技能和科学的应用态度，以及应用信息技术解决问题的方法。它不强调知识的系统完整性，更强调贴近学生生活的实际应用问题，包括整合各学科需要信息技术支撑的学习任务。强调在用中学，在学中用。使学生在解决应用问题的过程中综合运用各学科知识技能，在不同内容和方法的相互交叉、渗透和整合中开阔视野，积累应用经验，提高应用能力。

（四）发展性

义务教育阶段的信息技术课程具有发展性。一方面信息技术自身的发展日新月异，硬件不断更新换代，软件不断推陈出新，由信息技术引发的生活方式转变以及社会法律道德伦理规范等问题也层出不穷，因此信息技术课程内容必须随之发展才能具有活力。另一方面，本课程的学习需要致力培养学生主动适应信息技术发展变化的能力，而不只是机械的操作与模仿；同时，在追寻技术发展的过程中，让学生体验技术创新的价值，培养追求创新的精神，发展创新的能力。

二、课程基本理念

（一）面向全体学生，促进学生的发展

信息技术课程是义务教育阶段课程的组成部分，每一个学生在经过学习之后都应该达到本课程纲要的要求。学生不能因地区、经济环境或文化背景的差异而被取消或削弱在信息技术方面的学习，应当尽可能创造条件让每个学生都获得在信息技术课程方面的共同发展；面向全体学生，还应关注学生在学习信息技术课程方面的个体差异，在学生达到基本目标的基础上，鼓励学生个性化发展。

（二）提升学生的信息技术能力，培养良好的信息素养

提升信息技术能力、培养良好的信息素养是信息社会的发展对人

才培养的要求，是本门课程的主要任务。义务教育的信息技术课程，是学生进入信息技术的认知与应用领域的初始阶段，也是信息技术能力锻炼与信息素养养成的基础阶段。应该通过各种活动形式让学生体验信息技术课程的魅力，学习掌握日常生活中可感知的信息技术知识与技能，逐步有意识地应用于解决身边的相关问题，积累学习和应用信息技术的有益经验，逐步养成科学的态度与良好的习惯，为后续课程的学习以及应对信息社会的挑战打好基础。

（三）贴近学生的学习生活，融合跨学科的应用需求

信息技术课程在内容和活动的编排、组织上应充分拓宽信息技术学习和运用的领域，使师生可以超越学科的界限，强调不同学科知识与技能、过程与方法、情感态度与价值观的相互渗透，进而从整体上来建构学生开放型的知识结构，帮助学生发展知识迁移和学习的能力，使学生得到全方位的发展。

（四）引导自主、合作、探究的学习方式

信息技术课程必须根据学生身心发展和信息技术课程学习的特点，关注学生的个体差异和不同的学习需求，呵护学生的好奇心、求知欲，激发学生的主动意识和进取精神。积极倡导自主、合作、探究的学习方式，引导学生主动关注信息技术的学习内容，给学生提供充分的探究空间，让学生通过手脑并用的实践活动，体验探究的乐趣，学习科学探究的方法，锻炼团队合作与交流的能力，逐步使学生的探究精神和创新能力在主动学习信息技术的过程中得到发展。

第二部分 课程目标

义务教育阶段信息技术课程的总目标是培养学生应用信息技术的初步能力，逐步养成良好的信息素养，为学生后续学习乃至终身发展打基础。表现在：使学生能感受信息技术对社会生活的影响，有主动

学习信息技术的兴趣和对信息价值的敏感意识；能体验、了解信息的获取、加工、管理、评价、表达和交流的过程，初步掌握其基本的知识技能与思想方法，能积极主动地应用身边的信息技术工具，解决日常学习生活中的简单问题；建立对信息技术的科学认知态度、良好的操作习惯与健康的情感价值观，具有基本的信息安全意识与防范常识，为可持续发展奠定良好的基础。可归纳为以下三个方面：

一、知识与技能

（1）了解信息、信息技术的表现形式及其与人的关系，了解各种常用信息技术的特点、作用与影响，认识计算机在信息技术发展应用中的作用和地位。

（2）掌握以计算机、网络及多媒体为代表的日常信息技术工具的使用方法，了解计算机的基本组成结构及简单工作原理，了解日常信息安全与维护的基本常识。

（3）能把计算机的使用方法和原理迁移到生活中相关的信息技术工具中，初步具备使用日常信息技术工具的基本技能。

（4）能运用日常的信息技术工具获取、加工、管理、表达与交流信息，知道利用信息技术解决问题的基本思想方法。

二、过程与方法

（1）经历从日常生活、学习中发现问题并利用信息技术解决问题的过程，初步了解问题解决所需的信息技术。

（2）经历根据任务要求获取信息的过程，合乎规范地获取信息，并能筛选出适合自己需要的信息。

（3）经历根据需要选择信息分类方案、合理组织所得信息的过程，基本掌握使用合适的信息技术进行存储和管理信息的方法。

（4）经历运用信息技术进行简单的信息加工处理的过程，学会一般的加工方法，懂得创造性地表达思想或解决实际问题。

（5）能使用适当的信息技术工具和方式与他人交流，学会与人合作。

（6）能客观地对自己或他人的信息技术学习过程和结果进行反思和评价，发展学习和应用信息技术的能力。

三、情感态度与价值观

（1）消除对信息技术的神秘感，体验在信息技术学习活动中获得成功的情感，树立敢于使用信息技术的信心，逐步形成自觉应用信息技术来解决身边问题的意识。

（2）具有对信息技术的求知欲，形成积极主动地学习和使用信息技术、参与信息活动的态度。

（3）能正确认识信息技术对社会发展、科技进步和日常生活学习的影响。

（4）养成良好的信息活动行为习惯，能够遵守与信息活动相关的法律法规与伦理道德规范，健康地、安全地、负责任地使用信息技术。

小学阶段要求学生建立对信息技术的简单了解，逐步形成使用信息技术的感性经验和健康负责的良好习惯，培养对信息技术的学习兴趣，逐步学会使用信息技术支持日常学习和解决简单问题。

初中阶段要求学生掌握初步的信息技术基础知识，在信息技术应用中逐步提高操作技能和综合应用能力，巩固良好的信息意识和健康负责的信息技术使用习惯，发展积极学习和探究信息技术的兴趣和能力，强化运用信息技术解决实际问题的意识，领悟信息技术解决问题的思想方法，感受信息技术的文化内涵。

第三部分　内容要求

为了适应不同地区的发展情况，义务教育信息技术教学内容除了面向全省学生的必学内容外，还设有选学内容，旨在为信息技术条件较好的地区以及在信息技术方面学有余力的学生设置拓展性的学习内容，以引导学生在信息技术学习的广度和深度上进一步发展。选学内容以＊号标出。

一、小学内容要求

小学阶段信息技术课程一般在 4～6 年级开设，有条件的地区或学校可提前开课。本阶段以"玩中学"为主要特征，通过丰富有趣的活动，让学生在形式多样的活动中快乐学习，感受信息技术在学习、生活中的应用，认识信息技术的影响和作用，激发学生对信息技术学习的兴趣和主动应用信息技术的意识。学习内容主要包括如下主题。

（一）感受身边的信息技术

1．内容要求

（1）能感受身边信息的存在及其与人们的密切联系，感悟人们为更有效地获取和利用信息而不断发明创新，推动信息技术的进步。

例：能从耳听、目闻、肢体触摸等感知信息的存在及其与人的密切联系，能从日常的书报信函、广告、电话、电视、计算机网络等应用中感悟人们的生活离不开信息。

（2）了解现代信息技术产品的日常应用，能列举现代信息技术给人们生活、学习、工作带来的便利。

例：通过感受智能手机、数码相机、计算机等现代信息技术产品的日常应用，体验并列举现代信息技术的优越性。

（3）了解现代信息技术的不良应用可能导致的不良后果，知道应用信息技术应该合理有节和遵循社会规范。

例 1：通过图文或故事的形式，讨论一些学生过度沉迷电子游戏、上网、看电子影像等活动，导致影响学习、工作和生活健康，警示学生日常应用信息技术应该合理有节。

例 2：通过图文或故事的形式，讨论社会上存在的应用信息技术诈骗、抄袭、破坏等非法或不道德活动所可能导致的不良后果，让学生明确信息技术的应用应该遵循社会规范。

2. 活动建议

当今社会中信息无处不在，现代信息技术也使信息的获取、传播和处理变得方便、快捷和高效，例如使用电话、上网和收发电子邮件等。试进行一个主题活动，使学生利用身边的工具搜集与主题相关的信息，体验运用现代信息技术的方便、快捷和高效等。

（二）计算机在读、写、画、娱中的简单使用

1. 内容要求

（1）知道常见计算机外观部件名称，懂得计算机硬件、软件的作用。

例：主机、显示器、打印机、键盘与鼠标及操作系统（Windows）、画图软件、游戏软件等。

（2）知道计算机的使用要求，遵守使用守则，养成良好的使用习惯。

例：了解不规范使用计算机可能导致的不良后果，制定并遵守计算机机房守则。

（3）熟悉常用计算机操作系统的界面术语及使用方法，学会正确使用键盘和鼠标。

例1：通过玩游戏等活动，引导学生认识计算机操作系统界面，知道窗口、图标、菜单、任务栏、对话框等术语及意义，熟悉单击、双击、移动、拖动鼠标等操作及知道其作用。

例2：通过设计有意义的拼音或英文录入活动，引导学生掌握键盘操作的正确指法，能够使用键盘在简单的文字处理软件（如记事本）编辑窗口中输入英文文章。

（4）了解计算机以文件及文件夹形式存储和管理信息，学会文件、文件夹的新建、命名、打开、关闭、复制、粘贴、删除、移动、查看等操作，初步养成文件分类存放的管理意识。

例1：通过若干有意义的应用活动，让学生体验文件与文件夹在存储与管理信息中的意义，并逐步熟悉其相关操作。

例2：通过若干综合的信息搜集活动，让学生感受文件分类存放的作用，知道计算机地址栏的意义，熟悉文件的查看方法。

（5）学会使用一种中文输入法输入中文。

例：能通过键盘操作，用正确的指法在简单的文字处理软件（如记事本）中输入中文文章。

（6）能阅读理解操作指引，并按要求操作计算机实现日常学习和娱乐中的简单应用。

例1：通过设计有意义的游戏或应用活动，让学生通过阅读操作指引来完成操作，进一步熟悉窗口、菜单和图标等常用术语及操作方法。

例2：能够根据指引用计算机玩游戏、欣赏图片、播放音乐、欣赏视频节目、浏览网页。

（7）会用一种画图工具软件画画，体验计算机画图的乐趣与特点。

例：通过用一种简单的画图工具（如画笔）画图，进一步熟练鼠标操作，渗透简单的画图方法的学习，享受创作画图作品的快乐。

2．活动建议

（1）百闻不如一见。通过观察实物，可使学生加深对计算机常见硬件的了解。通过观察益智游戏、学习软件、画图工具等软件的简单安装、设置与运行，加深对计算机软件的认识。

（2）许多有趣的益智游戏都是通过键盘或鼠标来玩的，可通过玩这些游戏引导学生掌握键盘的基本指法和鼠标基本操作。

（3）写周记是一种良好的习惯，可让学生通过文字处理工具写周记来练习汉字输入。

（三）文字、图片和表格的简单处理

1．内容要求

（1）能实现日常文字资料的编辑、美化和打印输出。

例：根据需要编辑文章中字体、字形，设置段落格式，使用打印菜单打印编辑好的文本。

（2）能实现在文字中插入图片，并进行版面美化。

例：插入剪贴画、来自文件的图片和艺术字等，并调整大小与格式。

（3）能根据需要，搜集整理图文信息，加工创作图文作品。

例：以制作班级作文集或某个主题为活动专题，完成简单的图文资料的整理与加工。

（4）能根据需要，制作简单表格，并进行版面美化。

例：以制作课程表为线索，学习常见表格的制作，能设定表格行与列，合并单元格，编辑表格文字与色彩，插入装饰图片等。

（5）能对表格中的数据资料进行简单统计和排列，并能转换为直观的图表形式。

例：以某个商品的价格统计为线索，学习对表格数据求和，按大小排序，并用最简单方法转换为图标形式。

2．活动建议

（1）出校园小报是学生熟悉的事情。以小组为单位，就某一主题（如"庆祝'六一'"）制作小报，使学生体验用计算机创作主题图文作品的乐趣。

（2）环境保护是当今热门的话题，可以就此为主题作画，让学生体验创作主题图画的基本过程与方法，享受创作乐趣。

（四）用因特网获取和交流信息

1．内容要求

（1）能通过常见浏览器浏览因特网信息。

例：用 IE 浏览器上网浏览信息。

（2）通过使用常用搜索引擎，体验搜索信息的过程。

例：通过使用搜索引擎搜索有关南极资料（文字与图片），体验网上搜索信息的基本过程与方法。

（3）能从因特网上下载保存需要的文字、图片和网页，懂得使用文件夹管理下载的文件资料。

（4）了解和体验通过因特网进行交流的常用方式和方法。

例：通过收发电子邮件、即时通讯、网络视频对话等活动，使学生了解和体验用因特网交流的方式方法。

（5）知道从他人获取信息时应征得许可，引用他人或媒体信息时应注明出处，不抄袭、盗用他人信息。

（6）知道计算机病毒的危害，初步懂得基本的防范措施。

（7）知道网上信息良莠混杂，不浏览、不传播不良信息。

2．活动建议

（1）通过网络浏览不同类型网站（如政府网站、商业网站、教育网站、新闻网站、娱乐网站等）。

（2）为科普板报就某一主题（如"火星探险"）搜索和保存有关的资料。

（3）以小组为单位，根据学校的具体情况选择交流方式，让学生体验通过网络与他人（如学校同学、老师、远方朋友等）进行交流的方法与过程。

（五）多媒体的简单应用

1．内容要求

（1）了解几种常见媒体类型及其采集过程和方法。

例：通过实例了解图片、声音、动画、视频等媒体类型及其简单的采集与播放方法。

（2）认识常用的多媒体制作工具及作品。

例：通过范例赏析，认识 PowerPoint、Flash 等多媒体作品，知道相应的制作工具。

（3）会使用常用的多媒体制作工具，制作和编辑简单的作品。

例：通过应用实例的学习，初步掌握 PowerPoint、Flash 等常见多媒体制作工具的简单制作方法，并能创作简单的多媒体作品。

2．活动建议

卡通贺卡是学生们喜欢和熟悉的东西。可通过多媒体电子贺卡的制作活动，使学生加深对多媒体及其作品的了解，体验作品制作的方法与过程。

（六）计算机程序的体验

1．内容要求

（1）认识一种简单的计算机程序语言及其简单应用。

例：借助 Logo 语言程序一些简单有趣的功能，引导学生学习

Logo语言的基本命令及简单应用，感受计算机程序语言的特点。

（2）体验用计算机程序语言完成计算的过程和特点。

例：模仿提供的 Logo 计算程序，编写调试类似的应用程序，体验计算机程序的编写过程与特点。

（3）体验用计算机程序语言控制画笔精准画图的过程和特点。

例：模仿提供的 Logo 画图程序，画出简单的几何图形，体验编程画图的过程与特点，感受编程画图与用画图软件画图的区别。

＊（4）初步了解用计算机程序指挥机器人行动的过程和特点。

2．活动建议

以"小海龟乐园"为主题，让学生充分发挥想象力，巧妙应用 Logo 语言画出小海龟乐园里的各种场景图，如太阳、花草、树木、房子、桥梁等，并通过屏幕拷贝提取图案，在 PowerPoint 或 Word 中组合出一份有意义的图文并茂的作品，体验用计算机程序精准控制画笔画图的特点和乐趣。

二、初中内容要求

初中阶段信息技术课程一般在 7~9 年级开设，以日常生活中所可能需要的信息技术为主线，通过设计学生可参与或能体验"应用实践"，运用以多媒体计算机与网络为主体的信息技术解决日常学习生活中的问题，进一步理解信息技术的基本概念与常识，逐渐增强对大众信息技术的把握能力，自觉遵循信息社会的道德规范，感受和领悟信息文化，发展信息素养。教学内容主要包括如下主题。

（一）信息与信息技术

1．内容要求

（1）了解信息与信息技术在社会生活中的作用和影响。

例1：能初步讨论信息在社会生活中的作用，以及信息技术应用中可能产生的积极和消极影响。

例2：能列举若干信息技术产品，并讨论其在社会生活中所起的影响和作用。

（2）了解现代信息技术及其发展状况与趋势。

例：通过收集资料简单了解目前信息技术的发展状况与趋势，能列举1～2项最新发展成果及作用。

（3）了解信息技术应用中可能存在的安全问题及基本防范常识，知道并遵循信息技术应用相关的法律法规、道德与行为规范。

例1：知道使用计算机要避免水、潮湿、灰尘、剧烈震动等的伤害，要自觉遵守机房守则。

例2：未经别人同意不能随意使用别人的计算机、复制别人的文件。

2．活动建议

组织学生讨论日常学习生活中曾经碰到过什么问题需要想办法获取信息才能解决的，哪些方面的信息获取可以应用现代信息技术，举例说出个人的应用经验和目前的知识技能局限，畅谈希望学习掌握哪些信息技术。引导学生进一步理解信息与信息技术的意义，明确其应用价值，激发学习信息技术的欲望。

（二）计算机应用基础

1．内容要求

（1）知道计算机系统由硬件和软件两大部分组成，认识硬件和软件配置不同决定计算机的功能差异。

例：通过实例认识，不同计算机的功能差异，可能是硬件不同引起的，也可能是软件不同引起的，硬件和软件的组合构成具有相应功能的计算机系统。

（2）认识计算机硬件的组成结构、功能特性及其基本工作原理。

例1：引导学生从计算机硬件的外观组成转入对结构组成的认识，能说出中央处理器CPU（由运算器、控制器组成）、存储器、输入设备、输出设备的功能特性，简单描述计算机工作过程的基本原理。

例2：列举计算机各硬件组成部件对应的常见设备，并结合具体设备简单描述计算机的工作过程。

例3：通过查看具体的个人计算机配置清单，初步了解CPU、内存、硬盘、显示器等硬件设备性能参数的意义。

（3）了解二进制编码的特点，认识二进制在计算机中表示信息的意义。

例1：通过对比十进制与二进制的编码规律，认识简单的二进制编码，让学生了解不同的二进制编码可以表示不同的信息。计算机的数据和指令可以通过二进制编码来表示，二进制的编码可以通过电子元件实现，从而认识二进制在计算机中的意义。

例2：通过认识计算机中存储单位字节 Byte、位 bit 与二进制的联系，体验二进制在计算机中的意义。

（4）熟练掌握鼠标、键盘等输入设备的操作，能在各种具体应用中灵活使用。

例1：熟练掌握单击、双击鼠标及单击鼠标右键等操作并知道其作用。

例2：熟练掌握键盘操作的正确指法，熟悉常用功能键、组合键、热键的使用方法。

（5）了解汉字输入方法的多样性，能熟练使用一种汉字输入法输入汉字。

例1：熟悉常用的字符输入方法，掌握快捷键的操作方法，组合功能键使用。

例2：了解拼音输入法、字型输入法、笔画输入法等多种输入法，熟练掌握一种适合自己的汉字输入法。

（6）了解计算机软件的分类，能列举常见系统软件和应用软件。

例：通过实例认识计算机软件包括系统软件、应用软件两大类，其中应用软件又包括文字处理软件、电子表格软件、绘图软件（图片加工软件）、多媒体制作软件、媒体播放软件及各种工具软件等。

（7）了解操作系统的基本概念、发展状况和简单工作原理，能使用一种计算机操作系统。

例1：了解常用的计算机操作系统有 Windows、UNIX、MAC 和 Linux 等。

例2：懂得查看计算机当前的硬件和软件属性，查看磁盘（存储器）存储空间，重新设置日期、时间和外观等。

（8）能根据提示安装软件，会使用技术手册或软件的帮助说明。

例：知道压缩软件、媒体播放软件、字典翻译软件等的安装和使用。

（9）熟悉日常人机交互的方式，能选择合适的应用软件并根据屏幕提示信息完成简单应用，能初步适应用户界面的发展变化。

例1：熟悉窗口、菜单和图标的使用方法，感受字符命令操作界面的使用特点。

例2：熟练使用合适的应用软件欣赏图片、音乐、视频节目、浏览网页等。

（10）掌握文件和文件夹的相关知识、组织结构和基本操作，养成对文件分类管理的习惯。

例1：熟悉多种文件查看方式和文件排列方式，并能根据需要灵活使用。知道文件搜索工具的使用。

例2：熟练有关文件和文件夹的创建、剪切、复制、粘贴、删除、重命名、创建快捷方式、属性查看等操作。

例3：知道系统文件与用户文件要分类分开存放，系统文件存放在启动盘，用户文件存放在非启动盘。

（11）了解计算机病毒的常见类型及危害，懂得基本的防范措施。增强使用计算机的安全保护意识，养成良好的操作习惯。

例1：从计算机外部存储设备中读取信息前，注意进行病毒检查，通过外部存储设备传递信息时，注意设置信息的写入保护，预防计算机病毒的传染。

例2：进一步了解计算机对防尘、防潮、稳压、防静电等方面的要求。

（12）关注软件应用所涉及的社会道德问题，尊重知识产权，负责任地使用软件。

例1：不同的软件类型有不同的软件使用许可，如自由软件、共享软件、免费软件和商业软件等。

例2：组织讨论复制光盘的拷贝是否盗版侵权。

例3：了解日常学习生活中哪些是负责的信息技术应用行为。

2．活动建议

（1）结合日常学习中的实际应用，如各学科学习资料的录入、收集与保存，让学生进一步熟悉计算机的基本操作。

（2）通过日常应用软件如压缩软件、媒体播放软件、翻译软件等的获取、安装、使用说明阅读、软件设置与应用等活动，让学生获得软件应用的基本过程与方法的体验。

（三）网络应用初步

1．内容要求

（1）能在提供的网络环境中查找信息资源，合理访问共享信息。

例1：在校园网或公共图书馆中登录网络信息系统，根据用户权限访问文件、查找信息。

例2：知道网络地址含义，能找到指定地址中的文件。

（2）了解因特网的功能，能合理使用浏览器在因特网上浏览、搜索信息。

例1：会在浏览器中输入服务器的 IP 地址或域名地址浏览网页信息。

例2：了解超级链接的意义。

例3：会利用搜索引擎进行关键词搜索。

例4：在因特网浏览过程中使用浏览器的书签、历史记录和收藏夹标记相关信息。

（3）初步具有对网上信息进行分析、鉴别的意识和能力，自觉抵制不良信息。

例：能参照其他信息来源综合检验信息的可靠性，考查作者观点的正确性与准确性，并注意出版日期。

（4）能合乎规范地进行信息的上传、下载和发布。

例1：能够对下载的文件进行组织和管理，提高工作效率。

例2：下载网上信息时保存信息来源，在经得许可的情况下使用网上信息并注明出处。

例3：参与健康的网络论坛讨论，负责任地发表自己的观点，不传播不良信息。

（5）能根据任务需求使用因特网开展交流与合作。

例1：创建自己的电子邮箱，收发电子邮件，具有通过管理常用的邮箱地址提高工作效率的意识。

例2：使用网上寻呼工具进行即时联络和交流。

例3：选择合适的交流工具进行网上交流与合作，完成共同任务。

（6）有计划与适度地使用计算机和网络，避免成为网瘾少年。

（7）了解计算机网络的常见类型、组成与作用。

例：通过具体的应用实例，知道计算机网络有广域网、局域网、有线网、无线网等常见类型，并通过拓扑网视图了解其基本组成与作用。

＊（8）了解家庭计算机网络的组建过程与方法。

例：组建的家庭计算机网络一般为局域网，通常包括有线连接和无线连接两种。

2．活动建议

结合学科学习的需要，如通过发送电子邮件网上提交作业、开展网上学习探讨、收集与管理学习资料等活动，让学生应用计算机网络开展学习，提交作业，进一步加深对计算机网络应用的体验。

（四）图文排版应用初步

1．内容要求

（1）了解论文、海报、校园报刊、电子出版物等日常文体的组成要素和编辑规范。

（2）掌握一种文字处理软件的基本功能和操作方法，完成日常文本的录入、编辑与加工制作。

例：图文混排具体的操作包括：使用正确的文本，选择合适的字符和字号；表格制作；图片与图形、文本框、艺术字的插入、定位和组合等操作；一般公式的输入；页面的设置操作；文档打印操作。

（3）能根据主题及文本类型要求，合理组织图文信息，选用适当的方法加工创作、表达主题，并能应用到不同学科有关的学习活动中。

例：在进行海报、调查报告、校园小报、电子出版物等编辑创作时，能够根据这些体裁的特点与要求，加工呈现文档，表达自己的思想。

（4）在创作实践中，学会对作品及其制作过程进行评价。

例1：文档中正确运用文字、符号、标点，版面布局合理，制作完成后能够进行检查校对。

例2：愿意尝试提高文档加工处理效率的办法。

2．活动建议

从学生的学习生活需要出发，选择合适的主题，应用文字处理技术完成相应主题内容的图文资料的收集与编辑排版，符合该主题信息作品的表达要求，让学生进一步体验文字处理技术应用的过程与方法。

（五）数据处理初步

1．内容要求

（1）掌握一种数据处理软件的基本功能和操作方法。

例：电子表格软件的基本操作。

（2）能根据需求，选用适当方法加工处理数据，并呈现处理结果。

例1：掌握建立、打开、保存、退出工作表的操作。

例2：掌握表格数据的输入、编辑操作。

例3：能使用公式和简单函数对表格数据进行计算和填充。

例4：掌握数据的排序、分类汇总和筛选、查询操作。

（3）通过实践，学会应用数据处理技术分析和评价数据处理结果，提高信息搜集、处理、分析和表达的能力。

例：能根据需要设计制作合理的数据表格搜集信息，并从中分析与提取有用信息；根据需要使用柱状图、饼状图、线形图等图表类型表达与呈现，懂得将所有信息包含在图表内；能正确地设置坐标轴，插入相关的文字说明，使用合适的格式予以强调，如阴影、倾斜、立体等。

2．活动建议

结合学生在研究性学习课程中开展的问卷调查活动，让学生应用数据处理技术处理问卷数据，进一步体验数据处理技术在处理数据和呈现数据方面的优势。

（六）多媒体应用初步

1．内容要求

（1）知道通过借助常用设备获取不同媒体信息的过程和基本方法，能积极有效地利用家庭信息设备获取所需的媒体信息。

例1：尝试使用扫描仪和数码相机、智能手机等获取图像信息。

例2：尝试或了解在摄像机中抓取视频，并将数据传送到计算机中。

例3：尝试使用录音机软件把声音保存在计算机中等。

（2）了解图片、声音、动画、视频等媒体信息的文件类型和格式。

例1：计算机记录和表达多媒体信息是通过信息编码实现的，不同的编码方式产生不同的文件格式。

例2：了解点阵图和矢量图的特点和应用。

（3）掌握一种图像处理软件的基本功能和操作方法，实现简单应用。

例1：使用图像处理软件中的选择工具，选取所需要的区域。

例2：使用图层工具合成图像。

（4）掌握一种动画制作软件的基本功能和操作方法，实现简单应用。

例1：动画制作中的一些术语如关键帧、对象、层等。

例2：创建具有交互功能的动画，如建立按钮、按钮响应的相关变量、函数和交互语句。

（5）能根据表达需求，使用演示文稿、网页编辑软件等工具集成多媒体素材，创作多媒体作品，并发布展示，享受创作的乐趣。

例1：使用网页编辑软件集成多媒体素材，通过网络发布作品。

例2：使用演示文稿软件集成多媒体素材，向同学作展示介绍。

（6）学会对作品进行客观、中肯的评价，知道参照一定的规范评价作品，学习在比较中提高审美与鉴赏能力。

2. 活动建议

让学生结合自身学习生活中的需要，如研究性学习成果的展现、专项报告的演讲等，选择合适的主题，应用所学的多媒体技术表现该主题，进一步体验多媒体技术应用在表达信息方面的优势。

（七）程序设计与机器人初步

1. 内容要求

（1）认识一种常用的计算机程序设计语言，认识计算机程序的作用及其执行的基本过程。

例：通过使用一段功能简单的 VB 程序，认识常用的计算机程序设计语言 VB 的工作界面及使用方法，体验程序的执行过程及作用。

（2）了解计算机程序的顺序、选择、循环三种基本结构。

例：根据典型的问题需求，如直接数学计算、根据不同情况的计算、重复计算等，呈现出计算机程序中的三种基本结构，让学生体验这三种基本结构在一般问题解决中的应用。

（3）能编写简单程序，解决学习和生活中遇到的简单问题。

例：应用所学的 VB 语句，模仿计算机程序范例，编程解决类似的简单问题。

*（4）了解智能机器人的一般组成、作用及其发展趋势，了解用计算机程序指挥机器人完成各种动作的过程和方法。

例1：通过一些智能机器人实例（如火星机器人、导盲机器人、宠物机器人等），对比人对外界信息的处理过程，认识智能机器人借助传感器处理信息的特点，了解机器人的一般组成和作用。

例2：通过应用图形化机器人编程软件（如 VJC），了解用计算机程序指挥机器人完成各种动作（如学走路、寻光源、早晨叫醒等）的过程与方法。

*（5）能编写简单的计算机程序指挥机器人行动。

例：应用机器人编程方法，尝试画出街道路灯照明系统程序流程图，并编写程序。

2．活动建议

通过简单应用程序的阅读与分析，让学生进一步理解计算机程序的作用及实现思想。

第四部分　实施建议

一、教学建议

教学活动要符合学生的生理和心理特点，为学生提供自主学习和相互交流的机会，以及自我展现和尝试创新的空间；要注意创造条件吸引学生参与实践活动，关注自己感兴趣的问题，找出解决问题的方法；尤其要注意引导学生关注、总结、归纳不同工具平台的使用方法、不同问题解决过程的共通之处，培养借助已有经验使用新工具、解决新问题的能力。

（一）激发学生学习兴趣，培养学生创新意识和学习能力

信息技术作为解决问题的工具，教学中不应只是简单的知识与技能的传授，而应以学生为主体，细心呵护，激发学生的兴趣、好奇心和求知欲。小学阶段要注意以学生熟悉的活动作为学生学习的切入点，以富有趣味性和挑战性的任务引领其步入信息科技的殿堂，避免抽象的概念陈述和脱离实践的命令罗列；初中阶段则要以符合学生年龄特点和认知规律的实践探究任务为主线，组织学生对信息技术作进一步探究学习，要避免采用脱离实际应用情境的"照本宣科式"的教学方式，注意引导学生综合运用所学的信息技术知识与技能，并注意与高中信息技术课程纲要中有关规定的衔接。

创新意识和学习能力的培养始于积极思维和动手实践，要努力创设有利于学生感知的应用情境引领学生获得体验和启迪思维，要让学生多动手实践，帮助他们在实践中掌握学习的思想、过程和方法，领会知识要点、掌握技能技巧，学会总结和反思。鼓励学生奇思妙想，开展各种创新性的尝试实践和创意表达，把知识技能迁移和拓展到实际应用中。

（二）通过主题活动和开放性课题的探究，让学生在亲历信息处理的过程中学会交流与协作，形成良好的信息意识

主题活动和开放性学习课题的探究，能激发学生的学习兴趣，养成良好的信息技术使用习惯，并使学生在亲历信息处理的过程中学会交流与协作，共享信息，合理表述个人观点，恰当地引用他人观点，并乐于与人合作，与环境和谐相处，形成良好的信息意识。

活动的主题和开放性课题的选题要密切联系学生的生活学习经验，并在注意趣味性的基础上，适度增加挑战性，增强对选题要求的剖析，注意活动过程的设计和引导。要避免活动或课题的要求过于简单，停留在机械的信息复制和粘贴操作，以免学生形成经常性复制甚至抄袭他人成果的不良习惯，以及不求甚解的思维惰性。

（三）关注学生基础水平和认知特点差异，实施分层教学，鼓励个性发展

在教学中，要根据不同学生的背景特点和发展潜能，制订不同程度的目标计划，并随着学生学习能力和学习效果的提高，及时调整；基础较弱的学生应重点掌握基本技能的操作和基础知识的运用，而基础较好的学生在完成基本要求的前提下，应鼓励其进一步学习探究，并倡导不同层次的学生互帮互学共同提高。教师要多鼓励学生自主选择，少些统一要求；多鼓励学生大胆尝试，少些机械模仿；对学生富有个性的操作方式或问题解决方法，要多些接受和认可，避免打击和漠视伤害学生情感。

（四）合理选用并探索有效的教学方法和教学模式

要根据教学目标、内容、对象和条件等的不同，灵活、恰当地采用讲解、启发、示范、讨论、观察、模仿、操作、参观、讲座等教学方法；针对不同的信息技术课型特征，探讨它们的教学规律，选择合适的教学模式，并将各种方法有机地结合起来。不断地吸收国内外信息技术教学的成功经验，大胆探索新的教学方法和教学模式。在义务教育阶段，常用的教学方法和教学模式有："讲、演、练"教学法、任务驱动教学法、WebQuest 教学法、协作学习教学模式、范例教学法等。

二、评价建议

评价应以课程所规定的目标和内容要求为依据，采用多种形式，不断地促进学生的发展，改进教师教学，促进学校信息技术教育管理和信息技术课程的建设与发展。

（一）评价原则

1. 强调评价的发展性功能，弱化甄别功能

教师应充分运用过程性评价与总结性评价的方法，与学生一道及时发现和总结学习中遇到的问题和困难，帮助学生补救，为后续阶段的学习做好充分的准备。评价过程中，注意不要给学生贴上好或不好的标签，更不要给学生排名次，而应该多给学生鼓励，及时肯定学生在学习过程中所表现出来的进步，激发学生学习的兴趣，培养学生正确的学习态度。

2. 发挥评价的导向作用，实现评价主体与方式的多元化

在教学评价的过程中，教师要发挥主导作用，应根据需要采用多种评价方式，设计多元主体的评价活动。让学生在自我评价与同学、小组间互相评价的活动中逐步培养起主动参与评价的习惯和意识，提高自我评价与相互评价的能力，在评价中学会反思和发展。教师应创造条件，开展个人与集体、课内与课外、校内与校外等多种形式的交流与评价活动，拟定合理有效的评价标准，为学生的信息技术学习成果创造更全面的展示机会，让更多的力量参与到评价中来，更好地促进学和反馈教。

此外，为了有效地监测不同学校学生的学业水平，教育部门可以根据区域具体情况，在不增加学生负担的前提下，组织本区域内统一的、面向全体学生或部分学生的信息技术教育教学评价，以促进本区域信息技术教育教学质量的提高。

3. 面向学生全体，关注学生个体差异

学生的发展有共性的一面，也有个性的一面。信息技术课程评价要面向学生全体，通过评价促进学生的共性发展。在教学中，教师还应关注和肯定学生个别差异的存在，根据学生的个别差异，设计有针对性的评价方式与评价项目，争取真实地反映学生个性差异，反映学生个性发展，以这种有针对性的评价来促进和引导学生个性的健康发展。

4. 充分发挥评价促进发展的功能

教师应注意在评价过程中收集可用于教学的材料，充分发挥评价服务于教学的功能，反馈并调整于教学，及时反思教学优势与不足，并成为自身的教学积累和专业成长的方式，为信息技术课程发展提供新的依据和内容，促进学校信息技术教育教学的良性发展。

（二）评价内容

评价的内容应以课程纲要为核心，并结合各地实际教学情况；要注意课程纲要提出的知识与技能、过程与方法、情感态度与价值观三个维度目标的相互渗透，注重学生信息技术素养的整体提高与学生信息素养的养成和发展。

（三）评价方法

在教学的不同阶段，教师期待通过评价发挥的作用不同，如预

测、安置、诊断、导向、激励、检查、督促、甄别等，评价的方法和策略也就相应不同。从评价的时间上来看，可笼统分为基于教学过程中的过程性评价和基于某一教学阶段结束的总结性评价，总结性评价在学业结束阶段也称为终结性评价。过程性评价更强调对学生的导向、激励、检查、督促、安置、诊断等作用，信息技术课通常可以采用纸笔测试、上机测试、作品制作、表现性评价、成长记录袋、质性评价等方法，以及自评、互评、小组评价的方式，评价主体可以多元。总结性评价通常采用纸笔测试、上机测试、作品制作相结合，评价主体通常是具有权威性的教师。终结性评价一般参照过程性评价与总结性评价结果，按一定比例得出，以等级制评定。

评价的方法多种多样，各地应根据自身具体情况，选择适当的评价方法，鼓励、倡导教师发挥主观能动性创新评价方法。无论采取何种方法，评价始终要围绕育人的目标和坚持公平公正的原则。

三、课程资源的开发与利用

信息技术课程资源是课程得以实施的重要前提，要高度重视课程资源的利用与开发，建议从以下三个方面考虑。

（一）基础设施与设备

对于信息技术课程而言，必要的基础设施、基本设备是课程实施的物质基础。要配备能满足教学需要的计算机及相应的外部设备（打印机、投影仪、扫描仪等）和网络环境。

在建设、管理和使用信息技术设施和设备时，要坚持"面向教学"的原则，为教学提供有效服务；要注意做好现有设施、设备的维护与更新，学校的计算机教室、多媒体教室和电子阅览室等要尽可能向师生开放，提高利用率；要为学生的学习和成长营造安全的信息环境，提供健康有用的信息，通过技术防护过滤与人员监控相结合的方式，主动预防网络不良信息对未成年人思想道德的侵蚀；要采取有效措施，加强学校与家庭、社区之间信息设备和信息资源的共享，充分发掘和利用各种校内外资源。

（二）教学信息资源

信息技术教育资源的开发和建设要以媒体素材库和网络课程为主，应面向全体学生，体现素质教育的要求，尽可能开发与利用有益于教育教学，有益于提高信息文化品质的教学信息资源。

教师应结合教学实际，引导学生共同参与教学信息资源的搜集、组织、开发，合理建构不同层次、不同类型的资源库。教学资源的建设，要立足本地，能反映学生日常生活，丰富课堂教学文化形态，体现校园信息文化；要面向学生的需要，贴近学生心理特点和认知规律，能为学生自主学习提供更多的支持；要遵循相关技术规范，避免相互封闭，以便于资源的交流与共享；要充分利用网上共享资源，避免低水平重复开发。从而为学生的学习创设丰富、健康、安全的信息环境，形成具有丰富内涵和丰厚底蕴的信息文化氛围。

（三）师资队伍建设

师资是信息技术资源开发的基本要素，不仅决定了课程资源的鉴别与开发，而且教师自身的素养决定了信息技术资源开发与利用的程度以及发挥效益的水平。因此要重视师资队伍的建设，各地区、各学校应制订相应的师资建设计划，采取有效措施加快信息技术教师队伍的建设。开展多样化的教师培训，鼓励和组织教师参加各类进修、学历教育、校本培训、案例培训、参与性培训等，不断提高信息技术教师的素养和教科研能力。

四、教材编写建议

教材为学生的学习活动提供了基本线索，是实现课程目标、实施教学的重要资源。信息技术教材编写应以本课程纲要为依据，教材编写者要充分领会和掌握课程纲要的基本思想和各部分内容，以兴趣为起点，以活动为主线，以任务为驱动，渗透自主学习、合作交流、主动探究的思想，并整体反映在教材之中，以引导学生进行有效的信息技术学习活动，切实达成课程目标。

考虑到不同学生之间的差异，在保证基本要求的前提下，教材编写者需发挥自身的主动性和创造性，为满足我省不同地域、不同经济发展水平地区学生的需要，编写出具有不同风格和特色，并具有一定弹性的信息技术教材，保证不同地区都能开好信息技术课。此外，教材编写时，还应充分考虑与其他课程资源的开发和利用相结合。

（一）内容的选择

1. 体现学生亲历信息技术学习与探究的过程

在义务教育阶段，信息技术课程重点不在于信息技术知识体系的传授，而在于通过引导学生亲身经历信息技术学习与探究的过程，激发学生对信息技术的兴趣，培养学生的信息技术素养，并透过信息技术素养的培养致力于学生信息素养的养成与发展。教材应注意选择那些学生所熟悉和希望了解的与信息处理有关的问题，以兴趣为起点，以活动为主线，以任务为驱动来组织教材内容。

2. 从学生原有经验出发，选择学生便于体验、能够理解的内容

学生的信息技术学习活动具有明显的年龄特征，他们对于自然事物与现象的把握是很具体的。因此，教材的内容要注意从学生身边的自然事物和现象中选取，以便于他们以生活经验和周围环境为基础进行学习活动。这些内容还要能够满足他们的好奇心，并考虑他们原有的经验基础和具有适合于他们心理、生理发展需要的活动种类和活动方式，以利于他们更好地感受和体验信息技术。

3. 重视内容之间的有机联系，综合考虑三维目标的相互渗透

信息技术教材要展现信息技术发展、信息技术创新和信息技术应用中蕴藏的人文精神，并加强不同领域、学科之间相互交叉与渗透；要把学生信息技术素养的培养以及信息素养的养成与发展作为一个综合的体系，在引导学生在信息技术学习与探究的过程中不断得到提升；要不断内化与信息技术应用相关的伦理道德观念与法律法规意识，逐步养成健康、安全、负责的信息技术使用习惯。

4. 注意教材的衔接，内容应具有一定的时代感和社会性

信息技术教材应吸收和反映信息技术发展中的新成果、新话题，社会生活中人们共同关注和亟待解决的问题，以使学生从信息技术课程的学习中增强社会责任感，并真实地感受和体验信息技术和社会之间的关系。同时应注意各学段教材内容的衔接问题，宜采用螺旋式上升的编排方式。

（二）教材的组织

本课程纲要给出的内容要求是教材编写的基本依据，编写者可按照一定的构想加以组合和构建。

1. 符合学生认识事物的特点和规律

教材应以学生先前的经验为起点，从他们熟悉的具体事物中展开学习内容，并帮助他们逐步发展认识较为抽象的概念和理性规律的能力。教材内容的组织，应遵循由易到难、由具体到抽象、由简单到复杂、循序渐进的原则，与学生的认知结构和心理发展水平相适应，并

充分促进他们在原有基础上的发展。

2. 体现学生以探究为核心的信息技术学习过程

教材内容的组织，应从便于学生的探究性学习出发，对信息技术探究活动有明确的要求，通过有计划、有步骤地展现教学情境，引导学生带着兴趣和关注去进行信息技术课程的学习。在必要的时段，也需要组织适当的内容，形成一个有序的结构，让学生亲历完整的信息技术探究过程。

3. 有机地整合信息技术课程的各项目标

教材在进行教学内容的组织时，应通盘考虑课程纲要中所规定的知识与技能、过程与方法、情感态度与价值观三维目标，体现技术与人文的交叉与渗透。教材应当结合具体的信息技术知识，提供宽广的信息技术与社会的背景资料，并将它们有机地加以整合，形成一个个教学单元，使学生在学习过程中各方面都能得到发展。

4. 为学生自由地展开学习过程提供适当的条件

教材应向学生提供开放的、主动思维的空间，给他们的活动留有充分的余地，让他们选择感兴趣的探究问题，鼓励他们从探究的过程中发现新的问题并发表自己的独立见解。对于教材中的内容也要允许师生选择，并充分考虑学校教学的实际进程，在课时安排上留有余地。

5. 教材应具有科学而合理的逻辑结构

教材的逻辑结构反映了教材编写者的主要设计思想，与信息技术课程的教学活动密切相关，应引起教材编写者的足够重视。目前国内外信息技术教材的逻辑框架是多种多样的，主要有以学科知识体系为主线的、以主题活动或者信息处理任务为主线的、以探究能力和能力发展为主线的、以学生生活经验发展为主线的、以学生知识背景与认知发展为主线的和以提供学习素材为特征的等几种形式。每一种结构都有自己的特点，教材编写者应当选择一种适当的形式，也可以是其中几种结构形式的结合，以体现自己教材的特色。

（三）教材的呈现

教材的呈现方式应符合学生的心理特点和认知规律，应注意从一些学生喜闻乐见的主题活动和信息处理任务出发，提供生动形象的情境激发学生的兴趣和动机，引导学生学以致用，培养学生利用信息技术进行学习和探讨的能力。

（1）教材应从学生观察世界的角度、学习的角度和信息技术学习活动的方式来表述；教材要体现科学、先进的教育教学思想。例如在章节开头可以写有学习内容、学习目标或者学习任务，主体内容可围绕完成某项主题活动和信息处理任务展开，在章节结尾可以有要点回顾、探究活动或者练一练等，这样有利于课堂教学的组织。

（2）教材可用描述的方式阐述信息技术的概念和事实。本课程纲要中所规定的知识与技能、过程与方法、情感态度与价值观三维目标的教育应有机结合在活动之中，让学生从参与、体验和探究中去内化。应充分引导学生进行信息技术探究活动，给学生提出问题的机会，力求有一定的交互性，引导学生间的讨论和交流。

（3）教材应有一定的弹性和开放性，可适当提供拓展性的学习内容，以保证起点水平较低的学生能够适应，也给学有余力的学生提供进一步发展的空间，使全体学生都能得到充分的发展；教材的开放性主要体现在教学内容、教学空间、学习方法、思维方式、师生关系、成果呈献、交流评价等方面，以培养学生发散性思维的能力。

（4）编制应注意风格一致、形式多样、版面活泼、图文并茂，语言通俗流畅；内容载体要富有鲜明特点并且多样化；体例要活泼统一，实现陈述、分析、提问的综合运用。

（5）编写中应认识到，教材是教师教学和学生学习的一种资源，为了有效发挥这种资源的作用，应给使用者根据实际情况做出选择和再创造的机会。除教材外，还应有教学参考、配套光盘、网上资源等，也可以为学生提供活动练习和课外阅读用书，但一定要符合信息技术课程纲要的要求。

附录：学习目标要求与行为动词

附录

学习目标要求与行为动词

为帮助理解，下表列出了纲要中使用的行为动词及对应的学习目标和掌握水平。

目标		水平要求	内容要求中使用的行为动词
知识性目标	低↓高	了解水平 再认或回忆事实性知识；识别、辨认事实或证据；列举属于某一概念的例子；描述对象的基本特征等	描述、列举、列出、了解、熟悉
		理解水平 把握事物之间的内在逻辑联系；在新旧知识之间建立联系；进行解释、推断、区分、扩展；提供证据；搜集、整理信息等	解释、比较、检索、知道、识别、理解、调查
		迁移应用水平 归纳、总结规律和原理；将学到的概念、原理和方法应用到新的问题情境中；建立不同情境之间的合理联系等	分析、设计、制订、评价、探讨、总结、研究、选用、选择、学会、画出、适应、自学、发现、归纳、确定、判断
技能性目标	低↓高	模仿水平 在原型示范和他人指导下完成操作	尝试、模仿、访问、解剖、使用、运行、演示、调试
		独立操作水平 独立完成操作；在评价和鉴别基础上的调整与改进；与已有技能建立联系等	获取、加工、管理、表达、发布、交流、运用、使用、制作、操作、搭建、安装、开发、实现
		熟练操作水平 根据需要评价、选择并熟练操作技术和工具	熟练操作、熟练使用、有效使用、合乎规范地使用、创作

续上表

目标		水平要求	内容要求中使用的行为动词
情感性目标	低 ↓ 高	经历（感受）水平 从事并经历一项活动的全过程，获得感性认识	亲历、体验、感受、交流、讨论、观察、（实地）考察、参观
		反应（认同）水平 在经历基础上获得并表达感受、态度和价值判断；做出相应的反应等	关注、借鉴、欣赏
		领悟（内化）水平 建立稳定的态度、一贯的行为习惯和个性化的价值观等	形成、养成、确立、树立、构建、增强、提升、保持

研究成果三

广东省乡土历史课程纲要

（试行）

目　录

第一部分　课程性质和基本理念

国务院发布的《关于基础教育改革与发展的决定》（国发〔2001〕21号）要求"加快构建符合素质教育要求的新的基础教育课程体系"，"实行国家、地方、学校三级课程管理"，"适应社会发展和科技进步，根据不同年龄学生的认知规律，优化课程结构，调整课程门类，更新课程内容，引导学生积极主动学习"，强调"在保证实施国家课程的基础上，鼓励地方开发适应本地区的地方课程，学校可开发或选用适合本校特点的课程"。教育部2011年颁布的《义务教育历史课程标准（2011年版）》（简称《历史课标》）提出"乡土教材和社区课程资源对学生的历史学习和历史感悟大有裨益"。根据以上文件精神和要求，研究制定《广东省乡土历史课程纲要（试行）》（简称《历史纲要》）。

广东具有悠久的历史，十多万年前已有曲江"马坝人"生息繁衍。秦朝时设立"岭南三郡"后，南北文化开始交流融合，包括今广东地区在内的岭南地区形成了独具特色的岭南文化。广东是我国近代工业和民族工业的发源地之一，也是新中国改革开放的前沿地，涌现了康有为、梁启超、孙中山等一大批杰出历史人物。广东具有浓郁而且特色鲜明的地方文化，课程资源丰厚。

新中国成立以来，特别是改革开放以来，广东乡土历史教育取得令人瞩目的成效。根据形势的发展，特制定和实施《历史纲要》，以便加强对乡土历史教育和教学工作的指导。

一、课程性质

广东省乡土历史课程，是用历史唯物主义观点阐释广东地区历史发展进程和规律，补充和扩展《历史课标》所规定的课程内容，进一步培养和提高学生的历史意识、文化素质和人文素养，促进学生全面发展的一门基础地方课程。

广东省乡土历史课程通过重大历史事件、人物、现象，展现广东历史发展进程中丰富的历史文化遗产，揭示广东地区历史发展的基本过程。通过本课程的教育教学，能使学生：了解广东地区社会发展的基本脉络，总结历史经验教训，继承优秀的文化遗产；学会用马克思主义科学的历史观分析问题、解决问题；学习从历史的角度去了解和思考人与人、人与社会、人与自然的关系，进而关注广东本土，关心中华民族以及全人类的历史命运。通过本课程的教育教学，能培养学生健全的人格，促进学生个性的健康发展。

二、基本理念

广东省乡土历史课程要根据历史学科和历史教学的特点，全面发挥历史教育的功能，尊重历史，追求真实，吸收广东先民所创造的优秀文明成果，加深学生对家乡、对社会的认识，增强学生的社会责任感，培养学生热爱广东、热爱家乡的真挚情感和爱国主义精神，陶冶学生关爱人类的情操。通过学习，学生能够增强历史意识，汲取历史智慧，开阔视野，了解广东历史发展概况，进而理解和把握中国、世界的发展大势，增强历史洞察力和历史使命感。

在教学内容的选择上，要避免专业化、成人化倾向，克服重知识、轻能力的弊端，不刻意追求知识体系的完整性。既要注意与《历史课标》所规定的课程内容的衔接，又要避免简单的重复，遵循中学历史教学规律。要减少艰深的历史理论和概念的学习，选取基础性、时代性、典型性的乡土历史知识，使教学内容贴近学生的现实生活、贴近社会发展水平。要引导学生关注周边的历史现象，关注学生的全面发展，有助于学生的终身学习。

广东省乡土历史课程的设计与实施，要有利于学生学习方式的转变。要倡导学生积极主动学习。要在生活化、多样化、开放式的学习环境中，充分发挥学生的主体性、积极性与参与性，培养学生探究历史问题的能力和实事求是的科学态度，提高学生的创新意识和实践能力。

　　广东省乡土历史课程的设计与实施，要有利于教师教学理念的更新，有利于教学方式的转变。要倡导灵活运用多样化的教学手段和方法，为学生的自主学习创造必要的前提。要发挥教师在开发乡土历史课程资源方面的主导作用，鼓励教师自主实施乡土历史教学。

　　广东省乡土历史课程的设计与实施，要有利于历史教学评价的改进，形成以评价学生综合素质为目标的评价体系，全面实现历史教学评价的功能。

第二部分　课程目标

一、知识与能力

　　1. 了解基本的广东地方历史知识

　　基本知识主要包括广东重要的历史人物、历史事件、历史现象和广东历史发展的基本线索。

　　2. 在掌握基本历史知识的过程中，逐步形成正确的历史时空概念

　　要具备识别和使用历史图表等基本技能，初步具备阅读、理解和通过多种途径获取并处理历史信息的能力，形成用口头和书面语言以及图表等形式陈述历史问题的表达能力。

　　3. 形成丰富的历史想象力和知识迁移能力

　　逐步学会简单的归纳、分析和判断的逻辑方法，初步形成在独立思考的基础上得出结论的能力；学会客观地认识和评价历史人物、历史事件和历史现象。

二、过程与方法

　　通过课堂学习和课后活动，逐步感知广东先民在文明演进中的艰辛历程和巨大成就，逐步积累客观、真实的历史知识；通过收集资料、构建论据和独立思考，对历史现象进行初步的归纳、比较和概

括，加深对广东地区历史发展进程的理解，并做出自己的解释。

注重探究式学习，勇于从不同角度提出问题，掌握历史学习的基本方法；乐于同他人合作，共同探讨问题，交流学习心得；积极参加各种社会实践活动，学会运用历史的眼光来分析历史与现实问题，培养对历史的理解力。

三、情感态度与价值观

逐渐了解广东历史发展概貌，理解并热爱南粤儿女所创造的优秀文化传统，形成对家乡历史与文化的认同感，初步树立对国家、民族，对自己家乡的历史责任感和历史使命感，培养爱国主义情感和热爱家乡的情感，逐步确立为家乡的繁荣、安定、和谐，为祖国的社会主义现代化建设、人类和平与进步事业作贡献的人生理想。

形成健全的人格和健康的审美情趣，确立积极进取的人生态度、坚强的意志和团结合作的精神，增强承受挫折、适应生存环境的能力，为树立正确的世界观、人生观和价值观打下良好的基础。

第三部分 内容要求

学习内容分为古代广东、近代广东和现代广东三个学习板块，每个学习板块又分为若干学习主题。努力体现国家基础教育课程改革的基本理念，促进学生学习方式的转变和教师教学方式的转变，促进乡土课程资源的充分利用，同时兼顾历史发展的时序性与学习内容的内在联系，以反映历史学科的特点，突出广东乡土特色。

各地、各学校可根据本地的历史发展情况和特点，充实本地的乡土历史教学内容。

本课程教学课时大致需要 10 学时。

一、古代广东

本板块学习从原始居民的产生到 1840 年间广东地区所发生的重大史实。

根据考古研究，距今 12 万多年前，广东地区就有"马坝人"等原始居民生活。先秦时期，这里生活着古越族人。秦朝在这里设立南海郡，正式建立了行政统治机构。汉代以后，广东地区农业、手工业、商业逐步发展起来。临海的优势，使古代广东外贸在中国古代历史发展中占有突出地位。清朝实行闭关锁国政策，只准广州一地对外通商，广州对外贸易优势尤为突出。

（一）岭南文明的发端

【内容要求】

（1）以马坝人等为例，了解广东境内原始人类的文化遗存。

（2）从"双肩石器"等出发，体验广东远古人类生产生活。

【活动建议】

探寻"五羊仙人"、"悦城龙母"和"海珠石"等传说的奥秘。

（二）岭南三大民系的形成

【内容要求】

（1）知道广东有广府、客家与潮汕三大民系。

（2）认识广东各大民系的特点。

【活动建议】

从自身或身边同学的家族发展故事，了解广东历史上移民潮的基本史实。

（三）广东建制的演变

【内容要求】

（1）了解广东建制的演变。

（2）了解灵渠的历史作用。

【活动建议】

（1）制作一份广东建制演变的简表。

（2）组织参观高州冼夫人庙，了解她维护国家统一，增强民族团结的有关史实。

（四）广东区域中心城市的变迁

【内容要求】

（1）知道"赵佗城"、"广信"的来历。

（2）了解"广州"、"韶州"、"端州"、"潮州"、"雷州"等古代中心城市。

（3）分析广东区域中心城市形成的重要因素。

【活动建议】

制作一幅古代广东各区域中心城市的名胜古迹分布简图。

（五）重商之所

【内容要求】

（1）了解古代广东商业贸易的发展。

（2）认识古代广东著名城镇的特点。

【活动建议】

编写家乡的一份旅游指南。

（六）海上丝绸之路

【内容要求】

（1）了解"海上丝绸之路"。

（2）评价"市舶使"、"市舶司"和"十三行"的历史作用。

【活动建议】

（1）以广州"十三行"兴衰为背景，讨论近代中国与世界的贸易问题。

（2）了解广州、潮州、徐闻等地古代"海上丝绸之路"的概况。

（七）岭南农业和手工业

【内容要求】

（1）了解古代广东农业和手工业的发展。

（2）认识广东刺绣、剪纸、象牙雕刻、石湾公仔、端砚等传统工艺的特点。

【活动建议】

制作一张反映广东文化特色的明信片。

(八) 兼容并包的岭南文化

【内容要求】

（1）知道陈献章、屈大均等岭南文化名人。

（2）了解古代广东建筑，如开平雕楼、骑楼；了解广东民间艺术，如粤剧、潮剧、雷剧、客家山歌、舞狮、飘色等。

（3）了解广东民间宗教信仰情况，如妈祖、龙母、道教、佛教等。

（4）认识岭南文化的特点。

【活动建议】

收集南雄珠玑巷的古今传奇。或考察了解自己家乡历史文化遗产保护利用的有关情况。

二、近代广东

本板块学习从 1840 年到 1949 年发生在广东的重大史实。

16 世纪以来，欧洲的葡萄牙、荷兰、英国等积极开展对外殖民扩张活动。1553 年，葡萄牙殖民者取得了在澳门居住权。19 世纪 30 年代，英国殖民者加紧了对广东地区的侵略。1840 年，英国发动的鸦片战争首先在广东爆发。广东人民从此展开了前仆后继的反侵略斗争。同时，广东得风气之先，在中国近代史上率先对外开放，广东成为近代中国的资本主义经济发源地之一。受西方近代先进思想文化和传统儒家文化的影响，以康有为、孙中山为代表的广东先进知识分子在中国首先宣传、实践新思想，领导了近代中国的维新变法和资产阶级民主革命。20 世纪 20 年代，广东是国民革命的中心。20 世纪30 ~ 40 年代，广东成为抗日战争的重要战场之一。

（九） 反抗西方列强侵略的前沿阵地

【内容要求】

（1）了解广东反抗西方列强侵略的史实。

（2）认识广东反抗西方列强侵略的特点。

【活动建议】

收集广东各地反抗西方列强侵略的史实。

（十） 中国民族经济的摇篮

【内容要求】

（1）了解广东成为近代中国民族经济摇篮的史实。

（2）认识广东近代经济发展的特点。

【活动建议】

收集相关资料制作《近代广东民族经济发展"中国之最"》表。

（十一） 民主革命的策源地

【内容要求】

（1）了解洪秀全、康有为、梁启超、孙中山等人的事迹。

（2）认识广东是中国民主革命策源地之一。

【活动建议】

调查了解当地反侵略的英雄事迹并作一份手抄报展示交流。

（十二） 国民革命的大本营

【内容要求】

（1）了解护法运动。

（2）知道"黄埔军校"，理解"黄埔精神"。

（3）评价广东在国民大革命中的历史作用。

【活动建议】

收集广东各地国民革命时期知名人士的有关事迹。

（十三） 工农运动的发祥地

【内容要求】

（1）了解广东工农运动的发展。

（2）认识广东是中国工农运动的发祥地。

【活动建议】

（1）调查"东江纵队"的抗日事迹。

（2）绘制一幅"广东红色之旅"路线图。

（3）调查广东各地工农运动的发展情况。

（十四）中国近代文化的发祥地

【内容要求】

（1）了解广东成为近代中国文化发祥地的史实。

（2）认识广东近代文化发展的特点。

【活动建议】

收集资料撰写小论文《近代广东对中国文化发展的贡献》。

（十五）广东的解放

【内容要求】

（1）了解广东解放的过程。

（2）认识广东解放的意义。

【活动建议】

查阅资料或访问当地的老前辈，了解家乡解放的情境。

三、现代广东

本板块主要学习1949年以后广东的发展，特别是在全国率先改革开放的史实。

（十六）改革开放先行一步

【内容要求】

（1）了解广东改革开放的过程。

（2）认识改革开放对广东发展的作用。

【活动建议】

（1）讨论广东改革开放对全国的影响。

（2）口述历史：访问过来人，了解改革开放对我们社会生活产生的巨大变化。

第四部分 实施建议

一、教材编写建议

建议按照《历史纲要》中第三部分所规定的内容要求，努力实现广东省乡土历史课程在知识与能力、过程与方法，以及情感态度与价值观等方面的总体目标。要以马克思列宁主义、毛泽东思想、邓小平理论、"三个代表"重要思想为指导，深入贯彻落实科学发展观，用有利于人类文明的发展、有利于生产力的发展、有利于中华民族利益、有利于人民生活水平提高的标准，正确阐释发生在广东地区的重大历史事件，并做出客观公正评价；历史的阐释要真实准确，符合国家的有关规定。

学习内容要有利于培养学生的能力，呈现方式要尽量多样化。要引导学生从不同角度观察和思考历史问题，以利于学生的探究式学习。要提供多种辅助性教学参考资料，为学生进行探究性学习提供良好的条件。

《历史纲要》是教材编写的依据。教材编写者要认真研究本要求，领会其基本精神。教材必须完整准确地体现《历史纲要》在知识与能力、过程与方法，以及情感态度与价值观等方面的基本要求。教材编写要克服专业化和成人化倾向。为激发学生学习历史的兴趣，教材从内容到形式都应适合学生的心理特征和认知水平。避免晦涩艰深的叙述和过于抽象复杂的概念；提倡使用平等对话式和启发式的语言表述方式，避免说教式和灌输式的语言表述方式；语言文字要简洁、浅显、生动，具有可读性；应图文并茂，精心配置能够有效地辅助文字叙述的历史图片、图表、地图等。教材的内容应体现时代性和适应性，有利于学生素质的全面发展，满足学生未来发展和终身学习的需要；要有利于学生学习方式由被动接受型向主动参与型的转化；

有利于学生历史思维能力的培养；有利于对学生进行社会发展规律教育、爱国主义教育、社会主义教育、国情和乡情教育、革命传统教育和民族团结教育；有利于学生初步形成正确的国际意识、民族意识和乡土意识；有利于学生继承人类的传统美德，树立正确的世界观、人生观和价值观。

在实现课程目标的前提下，教材编写者不必囿于《历史纲要》所建构的内容体系，可以对内容要求中的知识内容进行重新建构，编写不同体例的乡土教材。

二、教学建议

（1）指导学生运用辩证唯物主义和历史唯物主义的理论，客观地分析历史人物、历史事件和历史现象，正确阐释人类社会发展的历史；坚持论从史出的原则，达到科学性、思想性和生动性的统一。

（2）注重学生学习方式的转变，鼓励学生通过独立思考和交流合作学习历史，培养发现历史问题和解决历史问题的能力，养成探究式学习的习惯。

（3）根据"内容要求"对知识与能力的不同层次要求组织教学。"内容要求"对历史知识与能力的学习分为三个层次：

①凡在"内容要求"的陈述中使用"列举"、"知道"、"了解"、"说出"、"讲述"、"简述"等行为动词的，为识记层次要求。

②凡在"内容要求"的陈述中使用"概述"、"理解"、"说明"、"阐明"、"归纳"等行为动词的，为理解层次要求。

③凡在"内容要求"的陈述中使用"分析"、"评价"、"比较"、"探讨"、"讨论"等行为动词的，为运用层次要求。

（4）要注意历史知识多层次、多方位的联系。特别要注意：历史发展的纵向联系；同一历史时期的横向联系；历史发展的因果联系；历史现象与现实生活之间的联系；历史知识与其他相关学科知识的联系和渗透等。

（5）提倡教学形式的多样化，积极探索多种教学途径，组织丰富多彩的教学活动，充分开发和利用广东乡土资源，让学生亲身感受和体验历史。例如：开展课堂讨论，组织辩论会，举行历史故事会，举办历史讲座，进行历史方面的社会调查，参观历史博物馆、纪念馆及爱国主义教育基地，考察历史遗址和遗迹，采访历史见证人，编演历史剧，观看并讨论历史题材的影视作品，仿制历史文物，撰写历史小论文，写家庭简史、社区简史和历史人物小传，编辑历史题材的板报、通讯、刊物，举办小型历史专题展览，等等。

（6）注意教学方法、教学手段的多样化和现代化。应积极运用教学挂图、幻灯、投影、录音、录像、影片、模型等，进行形象直观的教学；要努力创造条件，利用多媒体、网络组织教学，开发和制作历史课件，开展历史学科的计算机辅助教学。

（7）要注重拓宽历史课程的情感教育功能，在进行知识传授和能力培养的同时，充分发掘课程内容的思想情感教育内涵，潜移默化地对学生进行情感态度与价值观方面的熏陶。

附：教学活动案例

案例1：

【活动主题】

广东"寻宝"

【活动目标】

（1）开拓学生的视野，丰富历史知识。

（2）激发学生热爱家乡的自豪感。

（3）培养学生观察和收集资料的能力。

（4）培养团队精神。

【活动资源】

教科书、介绍广东的科普读物、历史图片、影视资料等。

【活动过程】

（1）明确广东之"宝"的范围，包括名胜古迹、物产资源、伟人足迹、名人名言、激动人心的时刻或片段、近现代的变化，等等。

（2）全班学生以自愿为原则，分成若干小组，制订"寻宝"计划，确立主题，明确分工。

（3）小组成员利用课余时间进行调查和收集资料，汇总成果。教师应多鼓励学生亲身游历或进行社会调查。

（4）课堂上学生相互交流成果，并畅谈参与这次活动的感受和收获。教师给予评价和总结，并倡导学生热爱、维护自己的家乡。

【活动说明】

学生外出社会实践，教师要做好安全教育工作。

案例2：

【活动主题】

制作《广东人是如何过年的?》刊物

【活动目标】

（1）了解广东人的春节习俗。

（2）亲身体验，提高学生的学习积极性。

（3）培养学生整理和收集资料的能力。

（4）学习刊物编辑和排版的方法。

【活动资源】

网络资源、图片、影视资料、科普读物等。

【活动过程】

（1）向学生讲解编辑刊物的各项要求。

（2）全班同学以自愿为原则分成若干小组，明确各组员的责任和分工。

（3）学生亲身体验，进行观察和收集资料，完成调查报告。最后进行资料汇编和整理，编排刊物。

（4）成果展示，全班一起评选出"最佳刊物"、"最佳排版"等奖项，给予一定奖励，以调动学生的积极性。

【活动说明】

本活动可以在春节期间进行，鼓励学生多从实践观察中收集资料。

案例3：

【活动主题】

广东风情画

【活动目标】

（1）加深对广东历史发展的了解，尤其是衣食住行等风俗习惯方面的变化，并探究其原因。

（2）学习处理历史材料、编写历史故事的方法。

（3）学习用图画来表现历史或表达自己的情感。

【活动资源】

历史教科书、有关广东历史和风俗的科普读物、图片及影视资料、绘画材料等。

【活动过程】

（1）向学生讲解创作广东风情画的各项要求。

（2）把内容分成广东古代风情、广东近代风情、广东现代风情三个主题，每个主题包括 3～5 幅画。全班同学以自愿为原则分成若干小组，各小组选择确定一个创作主题，拟订工作计划。

（3）依据创作主题，收集资料，分工协作，设计"广东风情画"有关主题的各个画面，撰写画面解说词，绘制图画。

（4）集中展示各小组创作的绘画，各小组派一名讲解员，为参观的同学进行解说。全班评选出优秀作品，给予一定的奖励。

（5）教师进行总结，并引导学生通过图片资料，分析广东的变化，并且探讨变化的原因。

【活动说明】

该教学活动应结合语文、美术等课程的知识进行。

案例 4：

【活动主题】

制作广东风光明信片或台历

【活动目标】

（1）锻炼动手能力，培养排版设计能力。

（2）进行情感教育，让学生为广东的秀美风光和优良文化感到自豪。

（3）通过探讨如何保护和利用这些自然、人文资源，进行爱护文物和环境教育。

【活动资源】

有关介绍广东风光的科普读物、网络资源、历史图片、影视资料等。

【活动过程】

（1）教师简单介绍广东的旅游资源，并向学生讲解绘制明信片或台历的各项要求。

（2）学生依据创作主题，根据收集的资料，绘制图画，并且附上简单的介绍。

（3）集中展示学生成果，并且让学生谈谈自己的制作经历和感受。

（4）教师汇编资料，组织学生讨论，如何保护和利用好我们身边的这些自然和人文资源。

【活动说明】

可以让学生就制作经过和感受以及讨论主题撰写一篇小论文。

案例 5：

【活动主题】

"我是小厨师"

【活动目标】

（1）了解广东的饮食文化，扩充学生的视野。

（2）培养学生的动手能力，亲身体验广东饮食文化的博大精深。

（3）学习组织小组活动的基本方式，培养团结合作的精神。

（4）让学生养成热爱劳动的良好习惯。

【活动资源】

烹饪书籍、厨具等。

【活动过程】

（1）教师介绍广东小吃，布置活动任务，让学生课后亲自动手学做广东小吃。

（2）遵循自愿原则，以个人或小组为单位，商定烹饪内容，收集资料，进行学习，然后亲手实践。

（3）把做好的成品带回课堂，共同展示、互相品尝，并由制作者说说烹饪经过，大家交流经验。

（4）全班同学根据"色、香、味"等方面进行评分，选出优秀作品。

（5）教师组织学生畅谈这次活动的心得和体会。

【活动说明】

本次活动需要家长进行协助，并且事先要做好安全教育。

案例6：

【活动主题】

"话说粤商"故事会

【活动目标】

（1）加深对广东商业发展情况的了解。

（2）培养学生综合归纳和口头表达能力。

（3）学习用话剧来表现历史或情感的方式。

（4）培养团队合作精神。

【活动资源】

教科书、科普读物、网络资源、表演工具等。

【活动过程】

（1）教师向学生讲解表演历史话剧的各项要求。

（2）学生以自愿为原则分成若干小组，确立主题，制订表演方案。

（3）各小组课后收集资料，编写剧本，挑选演员，组织排练，准备道具。

（4）汇报演出，教师和学生共同担任评委。每组表演完毕，由学生评委进行点评。最后评出优秀作品。

（5）教师总结。

【活动说明】

本活动可以改为故事会的形式进行。

案例7：

【活动主题】

"家乡美"旅游推介

【活动目标】

（1）了解家乡，热爱家乡。

（2）增强社会责任感，促进社会主义精神文明建设。

【活动资源】

当地历史和风俗的读物、图片、影视资料，网上资料等。

【活动过程】

（1）小组调查研究。

（2）角色分配：导演、讲解员、幻灯片制作、实物展示等。

（3）教师和学生评委点评打分，评出优秀作品。

（4）教师小结。

【活动说明】

以小组展示的形式进行。

三、评价建议

（一）评价目的

教学评价是实现课程目标的有效保证，是历史教学环节的重要组成部分，对促进历史教学、提高教学质量具有重要的意义。评价的目的在于：促进师生之间、学生之间的交流与沟通；促进教师对自身教学活动的反思，作出恰当的教学决策；提高学生的自我反思能力，使之对自己的学习负责；使学生体验成功，感受成长与进步；激发学生的学习动机，为学生的自主发展与人格完善创造条件。

（二）评价内容

在本课程的教学内容中，应充分发挥乡土历史特殊的教育功能，不仅要求对学生掌握知识的状况作出评价，而且要对学生历史思维水平、探究历史问题技能和社会实践能力、情感态度等学习目标达到的程度进行综合性、多元化发展性评价。

1. 知识的掌握和运用

能运用已有的知识获得新知识、发展新技能，并加深对已有知识的理解；在运用多学科方法解决问题时，表现出对知识和技能的整合能力。

2. 辩证地观察、分析问题

能对历史问题、社会现象进行质疑和反思；能较合理、客观地评价历史人物、事件，提出自己的见解。

3. 探究技能和实践能力

能通过观察、调查等方式获得对历史知识的了解；能依据收集和整理的有关材料，对所探究的问题提出自己的观点；能用恰当的方式呈现成果。

4. 沟通与合作

能清晰地、有目的地与听众交流，并理解对方的思想；能与同学一起确定目标并实现目标，完成任务。

5. 社会责任感

学史明智、以史为鉴；自尊、自信，尊重、理解、关爱他人；热爱学校、家乡和祖国。

（三）评价方法

本课程注重学生对家乡的政治经济、生活习俗、科学技术、宗教信仰、教育事业等方面的发展过程的认识，注重学生依据乡土历史发展的脉络，理解广东历史发展在整个中国历史发展过程中的地位与作用。因此评价应注重知识的综合、学生的参与和历史意识的形成。建议各地依据实际情况来进行评价，建议采用的评价方法有：

1. 主题活动评价

主题活动评价是对主题活动成效的评价。主题活动是本课程的重要教学方式。根据本课程的特点，通常是学生分小组合作研究，以学生自主活动、直接体验为基本形式进行活动，活动形式主要是以家乡的发展为主题，建议可以进行家乡历史知识竞赛、家乡历史发展材料收集与整理、家乡名胜古迹考察、历史剧的创作与表演、家乡历史题材作品观后感等形式多样的主题活动。可围绕家乡的发展主题，经历从确定主题、小组成员的具体分工、收集材料、组织材料到呈现成果（考察报告、观后感、读后感、小论文、小制作、小报制作、历史剧等）的较完整过程，进行社会探究的活动。这种评价方式，可以了解学生对家乡历史的直观认识，考查学生综合运用历史知识分析和解决实际问题的能力，提高学生的综合能力以及发展学生的良好个性，有助于调整学习状态，进一步激发学生的学习历史的热情，激发对家乡的热爱之情。主题活动评价的主体是多元的，包括教师、学生、家长、社会人士等；评价内容包括知识、技能、情感态度与价值观等方面。

2．个人代表作品档案记录

收集学生个人的家乡历史学习作品，建立家乡历史学习档案，并对学生的家乡历史学习情况进行评价。个人代表作品可以学期为单位，由学生挑出最能代表自己在乡土历史学习水平的个人作品，可在作品名称、创作设想、创作过程、我的收获与体会、材料或资料来源、家长意见、同学意见、教师意见等方面设计"学生个人作品评价表"。教师、家长、同学的自我评语应该突出学生历史学习的特长和优点。建议个人作品档案记录由学生自己保管。

3．学生自评

学生自评是学生对自己在学习中学习态度、策略和效果等方面的评价。可根据学生在课堂上对学习问题的思考与探究、课堂学习的知识掌握程度、课后作业的完成情况及课外知识的拓展（阅读、进一步探究、进一步思考等）等方面设计"学生平时学习情况表"，并放在学习学习成长记录档案袋中。这种评价，有助于学生明确影响学习的因素，逐步培养起评价、调控自己学习活动的习惯和能力。在指导学生评价的过程中，教师可清楚地了解学生的心理，并改进教学。

4．小组评价

小组评价是小组运用一定的标准对其他人在学习中学习态度、策略和效果等方面的评价。建议可在"学生平时学习情况表"中加上小组成员的评价。这种评价，使学生能接触到不同的思维方式和观点，有助于学生逐步养成尊重、理解、欣赏他人的态度，拓宽自己的视野和胸怀，提高自己的认识。

除以上评价方式外，教师应从本地区与学生的实际出发，灵活运用并创造出多种合理的评价方法，并注意各种评价方法的整体组合和综合运用。

附：学生乡土历史学习评价设计模式

学生个人评价＝测验成绩（40%）＋成长档案袋成绩（60%）

其中：测验成绩包括单元、期末等成绩；成长档案袋包括学生个人平时成绩（20%）、教师观察成绩（20%）、主题活动成绩（30%）、代表作品成绩（30%）。

说明：评价模式中各部分的百分比，教师可根据本地区学生的具体特点而定。

四、课程资源的开发和利用

课程资源开发的主体不仅包括学校和教师，也包括学生自身，要求学生根据学习需要，开发利用一切可以利用的课程资源。在课程资源的开发与利用上应建立融合、开放、发展的课程资源观，有利于弥补学校课程资源的不足，有利于激发学生的求知欲，有利于学生的自主探究与社会实践，优化学习效果，更好地实现课程目标。

本课程具有独特的综合性、开放性、探究性和实践性，拥有丰富的人文教育的课程资源，学生可通过文化机构、传播媒体、学校、社区、参观访问和网络等渠道获得。

（1）提倡地方课程资源的开放性与多元化。

岭南地区有着悠久的历史，有着数量可观的历史遗迹、遗址、博物馆、纪念馆、档案馆、爱国主义教育基地及蕴涵丰富历史内容的人文景观和自然景观，教师和学生应因地制宜地充分利用这些资源。此外，还应利用信息技术和网络技术的发展，为地方历史的学习提供更加方便、快捷和丰富的信息来源。

地方课程资源包括：

①文本资源：图书（包括教材）、报刊、照片、地图、图表。建议教师和学生应有效地充分利用地方特色的文本资源，如地方通俗历史读物、地方历史刊物、地方历史文物图册、地方历史地图、地方历史图表、地方历史小说、地方科学技术史、地方文学艺术史、地方考古和地方旅游等方面的读物，以丰富自己的地方社会人文知识，加深

对本课程内容的进一步理解。

②音像资源：电影和电视节目、录像、VCD、磁带、各类教育软件。近年来历史题材的影视作品（电影、电视剧和文献纪录片）和录音大量增加，直观地再现了某一特定历史时期的社会生活风貌，成为一种非常重要而且容易获取的历史课程资源。建议教师和学生选取有关地方历史题材的音像资源，从不同角度观察和感受家乡历史发展的基本概况，培养爱家乡的情感，树立对家乡的自豪感。

③实物资源：图书馆（学校及社区）、阅览室、实验室、视听教室、多媒体设备（网络、电视、广播等）、历史遗迹、遗址、博物馆、纪念馆、档案馆、爱国主义教育基地及蕴涵丰富历史内容的人文景观和自然景观等。

④人力资源：学生、教师、父母、邻居、社会人士（专家、政府公务员、社区工作人员）等。应充分利用和发现社区中丰富的人力资源，如地方历史发展见证人、研究地方历史的专家和学者、阅历丰富的长者等，他们能够在不同层面，从多种角度为学生提供丰富的地方历史素材和历史见解。家庭也是地方历史学习的一种重要资源，族谱、家谱、不同时代的照片、图片、实物，以及长辈们对往事的回忆和记录，都会在不同程度上丰富学生的乡土历史知识。

（2）应将课程资源的开发、利用和学生社会探究和实践能力的培养相结合，与学生人文素养的形成相结合。

本课程强调从课程培养目标与教学目标的视角出发，根据需要选择课程资源，为学生的自主性学习、体验性学习、探究式学习和合作性学习创造条件。要使学生对家乡有真实的体验，真挚的热爱；使学生在获得多种实践技能的基础上，懂得如何调查、如何收集资料、如何采访，懂得如何保护和开发利用家乡的历史文物、遗迹和古迹等资源，懂得如何与他人团结合作，共同学习与进步。

（3）鼓励创造条件，积极开发和利用计算机与网络技术资源提高学习环境的质量，拓展本课程学习的空间。

（4）教育行政部门要鼓励和支持教师开发与充分利用当地有关乡土历史的课程资源，并且主动与学校所在地区以及有关部门联系沟通，争取他们的理解与支持。社会也应为本课程的教学给予支持和帮助。如地方行政部门和教育行政部门应充分鼓励学生参观当地的爱国主义教育基地，历史遗址、遗迹，并尽可能为学生提供免票或半票的优惠。

研究成果四

广东省乡土地理课程纲要

（试行）

目　录

第一部分　课程性质和基本理念

　　1999 年 6 月《中共中央、国务院关于深化教育改革全面推进素质教育的决定》（中发〔1999〕9 号）要求"调整和改革课程体系、结构、内容，建立新的课程体系，试行国家课程、地方课程和学校课程"，明确提出了加快构建适应全面推进素质教育要求的基础教育课程体系。2001 年 6 月，国务院《关于基础教育改革与发展的决定》（国发〔2001〕21 号）要求"实行国家、地方、学校三级课程管理"，鼓励地方开发适应本地区的地方课程，学校可开发或选用适合本校特点的课程。教育部《基础教育课程改革纲要（试行）》（教基〔2001〕17 号）中要求"改革课程管理过于集中的状况，实行国家、地方、学校三级课程管理，增强课程对地方、学校及学生的适应性"。乡土地理是《义务教育地理课程标准（2011 年版）》（简称《地理课标》）要求的必学内容（参见下页表）。乡土地理帮助学生认识学校所在地区的生活环境，引导学生学以致用，培养学生实践能力，树立可持续发展的观念，增强爱国、爱家乡的情感。根据上述要求，我省研究制定了《广东省乡土地理课程纲要（试行）》（简称《地理纲要》）。

《义务教育地理课程标准（2011 年版）》乡土地理内容

标　准	活动建议
分析、评价家乡地理位置的特点	有较为规范的图例绘制反映学校或家庭所在地的示意图，并要求能够展示出正确的方位和较多的地理信息
利用图文材料和历史档案，说明家乡主要地理事物的变迁及原因	查阅以前的乡土地图，讨论家乡有哪些变化，并以适当形式展示讨论结果

续上表

标　　准	活动建议
举例说明自然条件对家乡的经济、社会、环境、生态、文化、生活诸方面影响。说明家乡人口数量、人口变化的基本情况	围绕家乡的环境与发展问题，开展地理调查，提出合理建议
结合实际说明家乡的生态环境状况、存在问题以及改善措施	通过班级或小组讨论，就家乡某一方面的发展提出设想
举例介绍家乡在开发、利用和保护自然资源方面的情况	开展乡土地理的野外考察和社会调查
举例说出家乡改革开放以来在经济、社会、文化、教育、生活等至少一方面所发生的重大变化，了解家乡的发展规划	讨论家乡的对外经济社会联系，说明进一步改革开放的重要性

　　说明："乡土"范围指县一级行政区。乡土地理要结合所在地区的自然、经济、社会发展实际，突出区域地理特征，体现人地关系协调和可持续发展的观念。

　　根据各地的实际情况，乡土地理的教学可以讲授本省地理，或者本地区地理。

　　乡土地理教材的编写应纳入地方课程开发计划中，并切实加以落实。

　　要求乡土地理的学习，至少安排一次野外考察或社会调查。

　　广东省位于祖国大陆最南部，陆域东邻福建，西邻广西，北依南岭与江西、湖南接壤，毗邻香港、澳门特别行政区。东北部与台湾海峡相望，南临浩瀚的南海，其中南海诸岛的东沙群岛行政上也隶属于广东省，西南端隔琼州海峡与海南省的海南岛相对，是我国通往世界的南大门。优越的地理位置，对广东省的经济发展产生了重要的影响，汉武帝时，广东已发展成为对外贸易的重要口岸。广州是我国海上丝绸之路的发祥地。新中国成立后，我国在沿海各地建立了一系列的港口，但广东仍是我国对外开放的重要"门户"。改革开放以来，广东更成为我国对外开放的前沿和改革开放的"窗口"。

　　广东属热带和亚热带季风气候区，气候资源的优势是热量丰富、雨量充沛、光照充足。全省大部分地区作物可全年生长，最适宜双季稻加冬种作物一年三熟。由于地处低纬，面临广阔的海洋，海洋对广东气候有非常明显的影响。全年草木葱绿，生机盎然，资源及物产丰富，有"绿色宝库"和"活的自然博物馆"的雅称，又有"鱼米之乡"和"有色金属之乡"等美誉，近现代更是全国闻名的富裕地区。广东地理位置、自然条件以及区域经济发展的区域差异明显、各具地方特色，课程资源十分丰富。

新中国成立以来，特别是改革开放以来，广东乡土地理教育取得了令人瞩目的成就。而现代社会，要求国民在科学地认识人口、资源、环境、社会相互协调发展的基础上树立可持续发展观念，形成文明的生活与生产方式。因此引导学生关注全球问题以及我国改革开放和现代化建设中的重大地理问题，弘扬科学精神和人文精神，培养创新意识和实践能力，增强社会责任感，强化人口、资源、环境、社会相互协调的可持续发展观念，这是时代赋予中学地理教育的使命。根据形势发展，制定和实施《地理纲要》势在必行。

一、课程性质

广东乡土地理课程是用地理学研究的特点——综合性和区域性原理阐述广东地区人口、资源、环境和发展等问题，补充和拓展《全日制义务教育地理课程标准（实验稿）》所规定的课程内容，进一步培养和提高学生学习地球科学知识、认识人类活动与地理环境的关系、进一步掌握地理学习和地理研究方法、树立可持续发展观念的一门基础课程。

广东乡土地理课程通过研究家乡各种自然要素（地形、气候、水体、动植物、土壤等）、人文要素（农业、工业、交通、商贸、人口等）的空间组成、特征及其相互联系。揭示地理环境以及人类活动与地理环境相互关系、空间运动、空间演变的规律，如人口增长、自然灾害、土地利用、环境污染、人口流动、产业转移、文化民族等问题的产生机制、原因以及解决这些问题的方法与途径。培养学生从身边生活环境中发现地理问题，解决问题的能力。树立人地关系的观点、树立可持续发展观念。促进学生认识家乡所在地区的生活环境，引导学生学以致用，培养学生实践能力，增强爱国、爱家乡的情感。

二、课程基本理念

（1）广东乡土地理课程着力于培养未来公民必备的地理素养。设计具有时代性和基础性的乡土地理课程，提供未来公民必备的地理知识，增强学生的地理学习能力和生存能力。关注广东人口、资源、环境和区域发展等问题，以利于学生正确认识人地关系，形成可持续发展的观念，珍爱地球，善待环境。

（2）广东乡土地理课程着力于满足学生不同的地理学习需要。建立富有多样性、选择性的乡土地理课程，满足学生探索广东自然奥秘、认识广东社会生活环境、掌握现代地理科学技术方法等不同学习需要。

（3）广东乡土地理课程重视对地理问题的探究。倡导自主学习、合作学习和探究学习，开展地理观测、地理考察、地理实验、地理调查和地理专题研究等实践活动。

（4）广东乡土地理课程强调信息技术在地理学习中的应用。充分考虑信息技术对地理教学的影响，营造有利于学生形成地理信息意识和能力的教学环境。

（5）广东乡土地理课程注重学习过程评价和学习结果评价的结合。重视反映学生发展状况的过程性评价，实现评价目标多元化、评价手段多样化，强调形成性评价与终结性评价相结合、定性评价与定量评价相结合、反思性评价与鼓励性评价相结合。

三、课程设计思路

在完成国家规定的中学地理课程的基础上，根据中学教育的性质、任务、课程目标和基本要求，遵循时代性、基础性、多样性和选择性的原则，规定适合中学生身心发展水平和学习、领悟能力的广东乡土地理课程学习目标和学习内容，为其进入社会和高一级学校奠定基础。

（1）广东乡土地理课程注重与实际相结合，要求学生在梳理、分析地理事实的基础上逐步学会运用基本的地理原理探究地理过程、地理成因以及地理规律等。

（2）广东乡土地理课程内容的设计以可持续发展为指导思想，以人地关系为主线，以当前人类面临的人口、资源、环境、发展等问题为重点，以现代科学技术方法为支撑，以培养国民现代文明素质为宗旨，从而全面体现地理课程的基本理念。

（3）广东乡土地理课程内容由乡土自然地理、乡土人文地理和乡土环境中面临的重大问题三大板块组成。涵盖了现代地理学的基本内容，体现了自然地理、人文地理和区域地理的联系与融合。课程的设计注意其结构的相对完整和教学内容的新颖、充实，使课程具有较强的基础性和时代性。

（4）广东乡土地理课程内容涉及地理学的理论、应用、技术各个层面，关注家乡人们生产生活与地理密切相关的领域，凸显地理学的学科特点与应用价值，以利于开阔学生的视野，进一步提高学生的科学精神与人文素养。部分学校因条件不具备，可暂缓开设，但应积极创造条件，尽早开设。本课程标准对广东乡土地理课程学习时间不作具体规定，各学校可根据情况开设，供感兴趣的学生选择。

（5）建议本课程教学课时 15 学时。

（6）广东乡土地理课程内容要求根据《义务教育地理课程标准(2011 年版)》和《普通高中地理课程标准（实验稿)》，从乡土地理知识与技能、过程与方法、情感态度与价值观三方面来概括广东地理教育应达到的基本内容和要求，具体如下表。

广东乡土地理教育内容

广东地理知识	地理位置，行政规划	
	广东自然地理知识	了解广东地形、气候、水体、动植物、土壤等自然地理事物与现象的组成、特征及其相互联系
	广东人文地理知识	具有有关广东农业、工业、交通、商贸、人口等知识，了解其运作特点及其相互联系，了解当地文化、宗教、民族等知识
	广东环境中面临的重大问题	如人口增长、自然灾害、土地利用、环境污染等，要了解这些问题的产生机制、原因以及解决这些问题的方法与途径

续上表

地理技能	广东地理信息的搜集与解释能力	要求学生能够通过文字、图表、表格、图解、地图等搜集信息；能够处理、分析、评估和表达这些信息
	广东地理实践能力	进行广东乡土地理观测、实地考察、调查、访问等实践能力
	一定的广东地理评估、预测能力	如会对家乡农业生产的条件进行分析与评价；运用地理知识进行市场动态、资源的开发利用前景及投入产出的简单分析、预测等
过程与方法	发现问题	尝试从身边生活环境中发现地理问题，提出探究思路，自主地从身边生活环境中搜集相关信息，运用有关知识和方法，提出看法或解决问题的设想
	解决问题	运用适当的方法和手段，解决身边的乡土地理问题
情感态度与价值观	价值观教育	协调人地关系的观点；树立可持续发展观念
	情感教育	对家乡、祖国的深厚感情

第二部分　课程目标

　　广东乡土地理课程的总体目标是要求学生初步掌握地理基本知识和基本原理；获得地理基本技能，发展地理思维能力，初步掌握学习和探究地理问题的基本方法和技术手段；增强爱国、爱乡的情感，树立科学的人口观、资源观、环境观和可持续发展观念。

　　课程目标从知识与技能、过程与方法、情感态度与价值观三个维度来表述，这三个维度在实施过程中是一个有机的整体。

一、知识与技能

（1）获得基本的地理基础知识；理解家乡的自然地理环境的主要特征，以及自然地理环境各要素之间的相互关系。

（2）了解广东人类活动对地理环境的影响，理解广东人文地理环境的形成和特点；认识家乡可持续发展的意义及主要途径。

（3）认识区域差异，了解区域可持续发展面临的主要问题和解决途径。

（4）学会独立或合作进行地理观测、地理实验、地理调查；掌握阅读、分析、运用地理图表和地理数据的技能。

二、过程与方法

（1）初步学会通过多种途径、运用多种手段搜集家乡各种地理信息，尝试运用所学的地理知识和技能对地理信息进行整理、分析，并把地理信息运用于地理学习过程。

（2）尝试从学习和生活中发现家乡地理问题，提出探究方案，与他人合作，开展调查研究，提出解决问题的对策，加深对家乡的了解。

（3）运用适当的方法和手段，表达、交流、反思自己地理学习和探究的体会、见解和成果。培养对地理的理解能力。

三、情感态度与价值观

（1）激发学生探究地理问题的兴趣和动机，养成求真、求实的科学态度，提高地理审美情趣。

（2）培养学生关心广东的基本地理特征，关注广东环境与发展的现状与趋势，增强热爱祖国、热爱家乡的情感。

（3）了解广东的环境与发展问题，理解区域合作、全球合作的价值，初步形成正确的全局意识、全球意识。

（4）增强学生对资源、环境的保护意识和法制意识，形成可持续发展观念，增强关心和爱护环境的社会责任感，养成良好的行为习惯。

第三部分　内容要求

　　本部分各项内容要求是学生学习广东乡土地理课程必须达到的基本要求，以行为目标方式表述；相应的活动建议是为开展教学活动提供的参考性建议，可根据条件选择，也可自行设计。

一、广东自然地理

　　本板块主要是学习广东地理位置、行政区划、自然资源、自然环境等内容。广东省位于祖国大陆最南部，陆域东邻福建，西邻广西，北依南岭与江西、湖南接壤，毗邻香港、澳门特别行政区。东北部与台湾海峡相望，南临浩瀚的南海，其中南海诸岛的东沙群岛行政上也隶属于广东省，西南端隔琼州海峡与海南省的海南岛相对，是我国通往世界的南大门。地处亚热带和热带，全年草木葱绿，生机盎然，资源及物产丰富，有"绿色宝库"和"活的自然博物馆"的雅称，又有"鱼米之乡"和"有色金属之乡"等美誉，近现代更是全国闻名的富裕地区。

（一）位置与区划

位置：

【内容要求】

（1）了解广东的地理位置。

（2）评价广东地理位置的特点。

【活动建议】

查找相关资料地图，分析广东地理位置的优越性。

区划：

【内容要求】

（1）了解广东的行政区划的演变。

（2）知道广东目前21个省辖市的格局。

【活动建议】

查找地图，找出家乡所在的地级市以及相邻的市。

（二）广东自然环境特征

【内容要求】

（1）知道广东的地形、气候、水文、土壤等自然特征。

（2）评价广东自然环境的特点。

【活动建议】

查找资料，讨论为什么广东有"绿色宝库"、"活的自然博物馆"和"鱼米之乡"的雅称。

（三）广东自然资源特征

【内容要求】

（1）知道广东有丰富的自然资源。

（2）认识广东各种资源的特点。

【活动建议】

以家乡自然资源开发利用的变化为主题，分组开展研究性学习，交流学习成果。

（四）广东环境问题与可持续发展

环境问题：

【内容要求】

（1）知道广东面临的环境问题。

（2）认识广东环境问题的原因。

【活动建议】

查找资料，认识"水少、水脏、水患"是广东的三大水问题。

可持续发展：

【内容要求】

（1）知道广东保护环境取得的成就。

（2）认识广东走可持续发展的意义。

【活动建议】

在日常生活中，讨论我们有哪些行为可以辅助"节能减排"。

二、广东人文地理

本板块主要是学习广东人口、城市、工业、农业、旅游、交通等人类活动内容。广东优越的地理位置，对全省的经济发展产生了重要的影响，汉武帝时，广东已发展成为对外贸易的重要口岸。广州是我国海上丝绸之路的发祥地。新中国成立后，我国在沿海各地建立了一系列的港口，但广东仍是我国对外开放的重要"门户"。改革开放以来，广东更成为我国对外开放的前沿和改革开放的"窗口"。

（五）广东人口变化

【内容要求（一）】

（1）了解广东的人口增长与迁移。

（2）知道广东人口发展与迁移特点。

【活动建议（一）】

查找家乡人口资料，绘制图表，探究家乡人口的发展和人口迁移的特点。

【内容要求（二）】

（1）了解广东的人口、民族、方言、华侨分布。

（2）分析华侨对广东经济社会发展的促进作用。

【活动建议（二）】

讨论华侨对家乡经济社会发展的贡献。

（六）广东城市分布与特征

【内容要求】

（1）知道广东城市的分布。

（2）评价广东城市特征。

【活动建议】

查找相关资料，写一篇小论文或制作一份小报，介绍你家乡所在城市的地理概况。

（七）广东农业特征

【内容要求】

（1）知道广东农业生产的条件。

（2）评价广东农业生产的发展特点。

【活动建议】

查找资料，讨论"基塘农业"的优点。

（八）广东工业特征

【内容要求】

（1）知道广东工业生产的条件。

（2）评价广东工业生产的发展特点。

【活动建议】

联系家乡实际，讨论某一工业企业的布局特点。

（九）广东交通特征

【内容要求】

（1）知道广东交通的发展。

（2）评价广东交通的特点。

【活动建议】

联系家乡实际，讨论家乡交通的布局特点及对生产生活的影响。

（十）广东旅游特征

【内容要求】

（1）知道广东旅游资源的分布。

（2）评价广东旅游资源的特点。

【活动建议】

联系家乡实际，设计一条本地"一日游"的旅游路线。

三、广东区域地理

本板块主要是学习广东不同区域自然环境、人类活动的区域差异，了解不同发展阶段地理环境对人类生产和生活方式的影响，分析各区域存在的环境与发展问题，诸如水污染、大气污染、水土流失等发生的原因，森林、湿地等开发利用存在的问题，了解其危害和综合治理保护措施。以某流域为例，分析该流域开发的地理条件，了解该流域开发建设的基本内容，以及综合治理的对策措施。改革开放以来，广东经济社会快速发展，促进内区域的可持续发展与协调发展是广东重要的发展战略。

（十一）北部山区

【内容要求】

（1）知道北部山区的自然和经济发展特征。

（2）评价北部山区的自然和经济发展特征的差异。

【活动建议】

说出家乡所在地有哪些大型企业，讨论这些企业做强做大的优势是什么。

（十二）东西两翼地区

【内容要求】

（1）知道东西两翼地区的自然和经济发展特征。

（2）评价东西两翼地区的自然和经济发展特征的差异。

【活动建议】

讨论各地市内各县区（或乡镇）之间经济发展有何差异，各有什么因地制宜的发展重点。

（十三）珠江三角洲

【内容要求】

（1）知道珠江三角洲的自然和经济发展特征。

（2）评价珠江三角洲的自然和经济发展特征的差异。

【活动建议】

查找资料，请用饼状统计图表示珠江三角洲对外贸易额占全国的比重。

（十四）泛珠江三角洲区域合作

【内容要求】

（1）知道泛珠江三角洲区域合作的背景和范围。

（2）评价泛珠江三角洲区域合作的意义和前景。

【活动建议】

查找相关资料，了解东盟组织及泛珠江三角洲与东盟组织合作情况。

第四部分 实施建议

一、教科书编写建议

广东乡土地理教科书的编写，应以本标准第三部分所规定的内容要求为依据。要充分体现广东地理课程的基本理念，实现教科书的多样化，使教科书成为教师创造性教学和学生主动学习的重要资源，可以考虑从以下几方面入手。

（一）建立合理的内容结构

在建立教科书的内容结构时，需要理解课程标准和教科书的不同。课程标准给出的是广东乡土地理课程的宏观框架、必学的内容和学习标准，在此基础上编写的教科书可以有不同的结构。结构是否合理，可以从是否具有内在的逻辑关系、是否便于学生学习等方面考虑。

本课程标准将学习内容分为广东自然地理、广东人文地理和广东区域地理三个板块，形成一个体系。教科书在处理这部分内容时，可对板块的学习顺序、板块中的内容进行组合，并注意体现各板块内容之间的内在联系。

（二）选择联系学生实际、反映时代特征的素材

教科书体现"学习公民必备的地理"的基本理念，可以通过选用联系学生实际、广东乡土特色的素材来实现，包括选择学生熟悉的地理事象，学生生活中遇到的地理问题，符合学生兴趣和年龄特征的地理问题，对学生发展自己生存能力有启示、有帮助的地理素材等。联

系学生实际还包括编写教科书时选用与使用对象的地区特点、学习条件相符的素材。

地理教学内容具有极强的时代性，教科书在选材时应注意体现这种时代性。例如，"桑基鱼塘"是与农业有关的经典素材，编入教科书时要考虑"桑基鱼塘"模式已经发生了巨大变化。

（三）教学内容的组织要为教学提供必要的空间

通过为教学提供必要空间的方法体现"注重对地理问题的探究"和"满足不同的地理学习需要"的基本理念。例如，适当安排学生的探究活动；课文可不直接提供问题的结论；把部分学生活动设计成学习新内容的过程等。

广东自然地理、广东人文地理和广东区域地理三个板块教学内容的安排应具有层次和一定的弹性。例如，适当安排一定数量的选学、自学和阅读内容，以满足不同学生的学习需要。

（四）内容的呈现方式要符合学生的身心特点和接受能力

广东乡土教科书是学生的学习用书，为使教科书具有可读性、直观性、实用性，提倡用学生熟悉的家乡地理事实引入教学内容；使用通俗、生动的语言；提倡呈现方式和活动设计的多样化；提倡多使用地图和主题鲜明的地理图像。

课程标准规定的广东自然地理、广东人文地理和广东区域地理三个板块课程，每个板块的主题鲜明。教科书编写中可以根据不同的主题，使用具有特色的呈现方式。

（五）引导学生的地理理性思维

考虑到中学生的心理特点，广东乡土教科书的编写要有意识地引导学生的地理理性思维，以利于教师帮助学生形成人地协调与可持续发展等观念。例如：为学生提供对某个地区发展问题的不同观点；为某些有争议的地理问题保留开放式结果，不给出唯一答案；设计一些运用地理原理进行分析、判断有一定深度的问题等。

（六）重视教科书的系列化建设

可以考虑为教科书配备教学参考书、教学地理图册，有条件的地区可为教科书配备多媒体教学软件等。

二、教学建议

广东乡土地理教学要体现课程理念、落实课程目标、达到课程标准，需要地理教师在设计教学时充分考虑学生的心理发展规律和不同的学习需要，积极探索和运用自主学习、合作学习、探究学习等学习方式，提高学生的地理学习、合作交流、批判性思考以及分析解决地理问题的能力。

（一）引导学生形成正确的地理观念

正确的地理观念是地理科学素养的重要组成部分，也是今日和未来社会公民不可缺少的基本素质。"学习公民必备的地理"是广东乡土地理课程的基本理念之一，课程标准中有大量与人口观、资源观、环境观、可持续发展观有联系的教学内容。教师在安排教学活动时，可以充分联系广东乡土的实际情况，采用对不同观点进行比较和判断、反思自己行为、运用多种素材等方法，帮助学生正确认识人与地理环境的关系，关注广东乡土人口、资源、环境、发展等问题，形成正确的地理观念。

（二）指导学生开展观察、实践、探究和研究活动

在实施广东乡土地理课程教学时，教师要转变学生机械模仿、被动接受的学习方式，促进学生主动和富有个性地学习，可以有意识地加强对学生自主性学习的引导。例如：帮助学生学会自己设计和实施野外观察、观测、调查等实践活动；在日常教学中使用探究方法，帮助学生形成主动探究地理问题的意识和能力；积极创造条件开展研究性学习等。

（三）采用适应学生个别差异的教学方式

广东乡土课程基本理念中提出"满足学生不同的地理学习需要"，教学中这个理念的体现可以有多种形式。例如：在符合课程标准要求的前提下，为学生提供不同深度和广度的学习材料；布置不同难度的作业；给学生创造更多机会体验主动学习和探索的"过程"

和"经历"，让学生拥有更多时间进行自主学习；鼓励和尊重学生不同的经验、见解、想法和说法等。教师可以根据学生的个体差异，积极探索适应学生差异的多种教学方式。

（四）发展学生的批判性思维和创新思维

广东乡土地理内容要求中的活动部分的内容需要学生运用理性思维。在教学中发展学生的批判性思维和创新思维是达到这些标准的重要途径。可以采用让学生接触各种不同观点、对问题展开辩论、鼓励学生在学习过程中大胆提出自己的看法等方法，逐步培养学生的批判性思维和创新思维。此外，地理设计也是一种可以尝试的学习活动。常见的设计主题如有关家乡的土地利用、城乡规划、交通规划、工业区选址、某个环境问题的解决方案等。

（五）重视地理教学信息资源和信息技术的利用

广东乡土地理课程注重培养学生获取、加工、运用信息的能力。因此，强调在有条件的地方运用信息技术进行教学，不只是为了提高教师的教学效率和教学能力，更重要的是为了培养学生的使用信息意识和信息能力。广东乡土地理课程是以大量地理信息为基础的课程，教师可以利用广东乡土地理课程的特点，创造性地利用地理教学信息资源，重视开发和应用以信息技术为基础的教学方法和教学手段，培养学生的学习能力。在有条件的地方，要积极利用网络中的地理信息资源、电子地图和信息技术优化地理教学。在条件尚不具备的地方，可仍以教科书中的地理图像、地图册为主要媒介，充分利用广播、电视、报纸等大众媒体，以及采用访谈、调查等方法帮助学生学会从多种途径获取需要的地理信息，并学会应用。

附：教学活动案例

案例1：

【活动主题】

以广东旅游区生态环境问题调查为题开展地理研究性学习

【活动目标】

（1）开拓学生视野，丰富地理知识。

（2）激发学生热爱家乡的自豪感。

（3）培养学生观察和收集资料的能力。

（4）培养学生团队合作精神。

【活动资源】

教科书、介绍广东旅游区网站资料、各种统计材料、书籍等。

【活动过程】

（1）指导选题。教师概要介绍家乡旅游业的发展可能给旅游区生态环境带来的影响，说明保护旅游区生态环境的意义，激发学生研究旅游区生态环境问题的兴趣，引导学生确定研究课题。

（2）组织课题组，制订研究计划。研究计划内容包括：课题名称、研究小组负责人、指导教师、实施步骤、资料和设备等。

（3）实施研究。教师可提供如下思路：

①观察记录游客乱扔废弃物的情况；走访园林管理处，获取每日到旅游区旅游的人数。

②调查旅游区内其他污染物的种类及来源、查阅有关书籍了解污染物的成分及危害。

③利用调查数据与结果，分析归纳旅游区内主要的生态环境问题，查阅资料分析其危害。

④撰写调查报告，提出改进建议。撰写调查报告并接受其他小组的质疑，反思本小组的研究结果，是否需要进一步论证。

⑤组织研究成果的交流研讨。各小组向全班展示本小组的调查报告，并最后形成一个基本反映全班调查结果的总报告，提交有关部门。

【活动说明】

学生外出社会实践，教师要做好安全教育工作。

案例2：

【活动主题】

利用现代信息技术分析"台风对广东天气的影响"

【活动目标】

（1）开拓学生视野，激发学生地理学习兴趣。

（2）巩固学习成果，丰富学生的课外知识。

（3）培养学生观察和收集资料的能力。

（4）培养学生自主学习、合作学习、探究学习的精神。

【活动资源】

教科书、广东气象局网站资料、各种统计材料、书籍等。

【活动过程】

（1）建立一个"台风对天气影响"的学习网页，包括学习资料、问题讨论、成果展示、信息交流等内容。教师可先在"学习资料"中提供学生应掌握的基本概念和独立学习时需要的背景资料，在"问题讨论"中提出讨论的题目，保证学生能从互联网上查找资料。

（2）学生分组收集广东的天气资料，并及时整理后放到网页上。

（3）小组讨论，利用收集的资料说明论题，并记录讨论过程，整理后放到网页的"讨论区"中。学生个人也可在"讨论区"自由发表意见或寻求帮助。

（4）将小组或个人的学习成果放在网页的"成果展示区"中，与同学分享。

（5）全班同学集中讨论、总结，开展成果评比。

【活动说明】

可让学生利用网络学习的经过和感受以及讨论主题撰写一篇小论文。

案例3：

【活动主题】

制作广东"基塘农业"的变迁板报

【活动目标】

（1）了解广东"基塘农业"的特点，激发学习兴趣。

（2）巩固所学地理知识，提高地理运用的能力。

（3）培养动手能力、排版设计和整理资料的能力。

（4）通过探究广东"基塘农业"的变迁，培养学生正确的人地观。

【活动资源】

教科书、网络资源资料、影视材料、书籍等。

【活动过程】

（1）教师简单介绍广东"基塘农业"的特点，并向学生提出板报设计的各项要求。

（2）学生根据所学地理知识，依据创作主题，收集资料。

（3）学生根据设计要求制作板报，展示成果，并附上简单说明。

（4）教师组织学生讨论广东"基塘农业"的变迁，并且让学生谈谈自己制作的经历和感受。

【活动说明】

本活动可以结合相关知识，以地理知识竞赛的方式进行。

案例4：

【活动主题】

外来人口对广东的影响辩论赛

【活动目标】

（1）加深对广东人口变化情况的了解。

（2）加深学生对广东经济社会发展认识。

（3）培养学生综合归纳和口头表达能力。

（4）培养学生团队合作的精神。

【活动资源】

教科书、网络资源资料、影视材料、书籍等。

【活动过程】

（1）教师简单介绍广东外来人口的情况，并向学生提出辩论赛的各项要求。

（2）根据辩论赛主题，学生分组查找、收集资料，分工合作。

（3）组织辩论赛，学生就外来人口对广东经济社会发展的影响进行辩论。

（4）总结辩论赛情况，教师组织学生谈谈自己的经历和感受。

【活动说明】

本活动可以结合相关知识，学生讨论撰写一篇小论文或调查报告。

案例 5：

【活动主题】

广东旅游路线的设计

【活动目标】

（1）开拓学生视野，激发学生地理学习兴趣。

（2）巩固学习成果，丰富学生的课外知识。

（3）培养学生利用网络收集、获取资料的能力。

（4）培养学生自主学习、合作学习、探究学习的精神。

【活动资源】

教科书、介绍广东旅游景点的课外读物、网络资源资料、影视材料、书籍等。

【活动过程】

（1）学生明确广东旅游资源，包括自然风光、历史典故、土特产、特色菜。

（2）全班学生以自愿为原则，分成若干小组，制订"旅游路线设计"计划，明确分工。

（3）各小组利用课余时间进行调查、收集资料，汇总成果。教师应进行鼓励和指导。

（4）课堂上教师组织学生交流"旅游路线的设计"的成果，并且让学生谈谈这次活动的感受和收获。教师给予评价和总结，并倡导学生热爱、维护自己的家乡。

【活动说明】

有条件的学校可组织学生外出郊游，让学生理论联系实际，学以致用。

案例 6：

【活动主题】

广东商业布局对人们生活的影响调查

【活动目标】

（1）了解广东商业布局的特点，激发学习兴趣。

（2）亲身体验，提高学生热爱生活、关注生活的能力。

（3）培养学生观察、收集、获取和整理资料的能力。

（4）培养学生自主学习、合作学习、探究学习的精神。

【活动资源】

教科书、网络资源资料、影视材料、书籍等。

【活动过程】

（1）引导学生阅读和分析课本的文字、图表材料（图文学习）；使用互联网查询商业网点资料（信息加工）等。

（2）组织学生观看商业网点布局的录像资料（直观动态材料的感知）。

（3）组织学生分组讨论（语言交流）。

（4）组织学生调查当地的商业网点情况（实践活动）。

（5）请校外专家开办讲座（开放学习）。

（6）采用不同的评价方式。学习方式的多样化也可从评价方式的多样化体现出来。例如教师允许学生自选作业方式，可以书写，也可以绘制图表、图画，还可以与教师面谈等。

【活动说明】

本活动可以在假期间进行，鼓励学生多从身边的生活中观察收集资料。

三、评价建议

广东乡土地理学习评价，要在知识与技能评价的基础上，关注对学生价值判断能力、批判性思考能力、社会责任感、人生规划能力形成状况的评价。在教学活动和学习评价中要重过程、重应用、重体验、重全员参与。广东乡土地理学习评价应发挥其激励与发展功能，使学生从评价中获得成功的体验，激发学习兴趣，积极参与学习活动，提高乡土地理学习水平。教师要关注学生在学习活动中的表现与反应，并给予必要、及时、适当的鼓励性评价和指导性评价。下面是一些教师可以尝试使用的新的评价方法。

（一）注重评价学生解决地理问题的能力和过程

运用所学地理知识解决家乡现实生活中的问题，是广东乡土地理教学的重要目标之一，也是广东乡土地理学习评价的重点。评价学生解决地理问题的能力时，应了解学生：能否把现实生活中的问题抽象为地理问题；能否制订解决问题的方案；能否形成有效解决问题的思路；能否检验并解释评价学生解决地理问题的过程，应了解学生在提出地理问题、搜集整理以及分析地理信息资料、回答地理问题这一完整过程中的表现。其中，重点评价学生在搜集整理以及分析地理信息资料过程中的表现。应了解学生：能否利用地图、图表、图片、图解和各种信息源（如期刊、报纸、电视、广播、互联网等）收集一手或二手资料；能否通过实地观测与调查等方式去获得资料；能否保证地理信息资料的质量（如资料的多样性、可靠性、全面性、针对性等）；能否将地理信息资料恰当归类；能否将地理信息资料绘制成地理图表以及简单的地图；能否通过分析地理信息资料得出结论并进行检验。

评价过程中，引导学生开展自评、互评，让学生知道自己的优点与不足，教师评语应以鼓励为主，以调动每个学生的学习积极性。

（二）注重评价学生科学方法掌握状况和探索性活动的水平

评价学生对科学方法的掌握状况，应着重了解他们对地理观察、区域分析与综合、地理比较等常用地理方法的领悟、掌握状况和运用水平。主要包括：对地理事物和现象的观察是否细致、全面、敏锐，区域分析与综合、地理比较等方法的运用是否合理、有效，能否进行合理的推测、想象以及大胆的猜测。

评价学生参与地理探索活动的程度和水平，重点不在于学生记忆的准确性和使用技能的熟练程度，而在于学生实地观察与观测、调查、实验、讨论、解决问题等活动的质量，以及在活动中表现出来的兴趣、好奇心、投入程度、合作态度、意志毅力和探索精神等。

对学生科学方法的掌握状况、参与探索活动的程度和水平的评价方法，主要有观察法和评定量表法。

案例：

对学生地理探究活动质量的评价要点

评价内容	评价要点1	评价要点2
发现问题，提出问题	是否善于发现和提出地理问题，经常独立提出问题，具有提出问题的积极性； 是否能有效地利用已有信息提出地理问题，能否补充问题的必须条件； 提出的问题是否具有探究价值，即问题是否具有一定的广度、深度，是否新颖	在各项探究活动中是否表现出下列情感与态度：兴趣、好奇心、探索欲、投入程度、合作态度、意志毅力、创新精神等
提出解决问题的假设	能否根据已有的知识、经验，或通过搜集相关信息，将已有的地理知识与问题相联系，提出解决问题的假设	
解决问题，得出结论	能否分析信息，得出结论； 能否从不同角度寻找解决问题的方法与途径； 是否具有独立思考与反思的习惯和质疑意识； 能否与他人合作解决地理问题	
表达、交流探究成果	能否条理清晰、完整地表达探究过程与结论； 能否将论据与论点联系起来，得出基本合理的解释； 能否用语言、文字、地图、图表等多种方式表达学习成果	

（三）注重评价学生对地理概念、区域的自然和人文特征的理解水平

提高学生对广东乡土地理概念、广东乡土自然和广东乡土人文特征的理解水平是地理知识教学的重点。评价不能局限于学生具备了多少地理知识，而应把重点放在学生的理解水平上。评价学生对地理概念、区域的自然和人文特征的理解水平，常用方式主要有：让学生用自己的语言表达和解释概念；给出概念的肯定例证和否定例证，让学生验证；能把一种表达方法变成另一种表达方法；会进行概念、区域

之间的比较；会进行区域的自然和人文特征的分析与综合；会运用地图、图表和简单模型表达区域的自然和人文特征。

（四）注重评价学生在地理学习中所形成的情感态度与价值观

促进学生的心理发展是广东乡土地理教学的基本目的。学生的情感态度与价值观是学生心理发展的基本内容。评价时应关注学生在以下方面的变化与发展：对地理的兴趣和好奇心；体会地理学与现实生活的密切联系和地理学的应用价值；对周围环境和地球上不同自然和人文特征的审美能力以及对社会和自然的责任感；热爱祖国的情感与行为；关心和爱护人类环境的意识和行为。观察是评价情感态度与价值观的重要方式。要注意观察学生在日常行为和学习活动中的表现，搜集评价信息，为进行有针对性的评价提供依据。

（五）注重评价形式的多样化和针对性

针对学生学习的心理特征、学习形式和学习特点的差异以及各种评价方式的不足，广东乡土地理课程评价应采取多种方式。除了选用书面形式的测验、口头表达、描绘地图、绘制地理图表、读图分析等常见评价形式，也要注意通过观察学生在讨论、实地观测观察、探究等活动中的表现来评价学生的学习。要重视学生的自评和互评。评价结果建议采用评语和等级评价相结合的方式。

四、课程资源的利用与开发

充分开发、合理利用广东乡土地理课程资源，对于丰富广东乡土地理课程内容，增强地理教学活力，具有重要意义。

（一）积极建设学校地理课程资源库

通过调查，掌握学校地理课程资源的情况，分门别类地建立地理课程资源档案，并逐步建设地理课程资源库。

教科书以及教学所需的挂图、模型、标本、实验器材、图书资料、电教器材、教学实践场所等都是学校重要的地理课程资源。其中，必需设备和教学用图有：地球仪、等高线地形模型、幻灯机、投影仪、投影图片、天文望远镜、主要岩石和矿物标本；各种有关的政区图、自然地理图、经济地理图、专题要素图、景观图等。

此外，学校所在地区的地理要素、地理景观、主要地理事物等，也是学校地理课程资源库的重要组成部分。

应注重地理课程资源的积累和更新。除添置必要的地理教学图书、设备以外，还应自制各种地理教具、学具，开发各种地理教学软件，不断扩大地理课程资源库的容量。在有条件的学校，要逐步完善地理信息技术教学所需的软硬件设备（空间定位系统接收机、遥感图像、地理信息系统软件及相关的硬件设备等），提高地理课程资源库的质量，以适应社会发展、科技进步和地理教学自身发展的需要。

（二）充分利用学校地理课程资源

教师要结合学校的实际和学生的学习需求，充分利用学校已有的地理课程资源，以及可用于课堂教学的师生自身的经历和体验。

教师应鼓励和指导学生组织地理兴趣小组，开展天文、气象、地震等各种丰富多彩的地理观测和观察活动；学生编辑地理小报、墙报、板报，布置地理橱窗；学生利用学校广播站或有线电视网、校园网传播自编的地理节目。

要加强地理教学设施的建设，要求配置地理专用教室，同时要逐步创建地理实习基地。

应提倡校际间地理课程资源的共建和共享。

（三）合理开发校外地理课程资源

校外地理课程资源丰富多样，包括青少年活动中心、地理教育基地、图书馆、科技馆、气象台、天文馆、博物馆、陈列馆、展览馆和主题公园，科研单位、大专院校、政府部门，广播、电视、报刊、网络等信息媒体，区域自然地理环境和人文景观，等等。要加强与社会各界的沟通联系，寻求多方合作，合理开发利用校外地理课程资源。

要组织和引导学生走进大自然，参与社会实践，开展参观、调查、考察、旅行等活动，邀请有关人士演讲和座谈。

（四）乡土地理教材的使用

提倡把乡土地理作为综合性学习的载体。课程在 8 年级开设。

研究成果五

广东省乡土音乐课程纲要

（试行）

目　录

第一部分　课程性质和基本理念

根据国务院颁布的《关于基础教育改革与发展的决定》（国发〔2001〕21号）的要求，为"加快构建符合素质教育要求的新的基础教育课程体系"，"实行国家、地方、学校三级课程管理"，以"适应社会发展和科技进步"，并"根据不同年龄学生的认知规律，优化课程结构，调整课程门类，更新课程内容，引导学生积极主动学习"，"在保证实施国家课程的基础上，鼓励地方开发适应本地区的地方课程，学校可开发或选用适合本校特点的课程"的精神指导下，并根据音乐课程标准提出的"地方和学校应结合当地人文地理环境和民族文化传统，开发具有地区、民族和学校特色的音乐课程资源"。因此，研究制定出本课程纲要。

广东隶属岭南文化属地，历史悠久，文化厚重，是我国最早港口开放口岸交流之一，也是我国最早海上丝绸之路商贸重镇，是现代工业与民族工业发源地之一，涌现出以康有为、梁启超、孙中山等为代表的一批杰出人物和以严老烈、吕文成、萧有梅、冼星海、马思聪等为代表的一大批音乐文化名人，形成了浓郁而具有特色的岭南音乐文化，这是中华民族文化中的艺术瑰宝，也是中华民族文化的重要组成部分，尤其是近300年广东乡土音乐的形成和发展，更是我国民族音乐艺术文化中的奇葩。因此，广东地方乡土音乐课程资源丰富，乡土音乐文化厚重，特色鲜明，是作为每个广东人都必须学习了解的音乐文化养料和人文综合素养的基石。

从新中国成立到改革开放以来，广东在经济和文化上取得了令人瞩目的成绩，广东的音乐教育也有了长足的发展，为贯彻落实科学发展观，弘扬民族音乐文化，加强学校地方乡土民族音乐文化的教育，促进地方乡土民族音乐文化的继承和发展，促进学生地方乡土音乐文化综合素质的提高，根据广东社会新形式发展的需要和对学校教育的要求，体现出制定和实施《广东省乡土音乐课程纲要（试行）》的必要性与紧迫性。

一、课程性质与价值

广东地方乡土音乐课程，是依据现代教育科学规律和创新教育发展观的要求，全面落实党的教育方针，全面推进素质教育的基本精神，补充和拓展音乐课程标准的课程内容，进一步培养学生对地方乡土音乐文化的爱好和了解，熟悉和掌握地方乡土音乐文化的特点和形式，继承和发展民族地方乡土音乐文化，提高学生的综合音乐素养与人文素养，促进学生全面发展的一门基础性课程。

广东地方乡土音乐课程，是在《全日制义务教育音乐课程标准（实验稿）》所提出的"审美体验价值、创造性发展价值、社会交往价值、文化传承价值"的基础上，贯彻"体现以音乐审美体验为核心，使学习内容生动有趣、丰富多彩、有鲜明的时代感和民族性，引导学生主动参与音乐实践，尊重个体的不同音乐体验和学习方式，以提高学生的审美能力，发展学生的创造性思维，形成良好的人文素养，为学生终身喜爱音乐、学习音乐、享受音乐奠定良好的基础"，以及"音乐是人类文化传承的重要载体，是人类宝贵的文化遗产和智慧结晶。学生通过学习中国民族音乐，将会了解和热爱祖国的音乐文化，华夏民族音乐传播所产生的强大凝聚力，有助于培养学生的爱国主义情怀"等精神指导下，把提高学生对地方乡土音乐文化的兴趣，积极参与地方音乐文化活动的实践，增进学生认识和理解地方乡土音乐民族音乐文化，增强民族凝聚力，热爱地方乡土音乐作为地方乡土音乐教育的基本目标，促进学生全面素质的提高。

二、课程基本理念

广东地方乡土音乐课程是以促进学生音乐审美情趣，提高学生理解和掌握地方乡土音乐文化为核心的教育，通过有计划地学习地方民族音乐文化内容，培养学生对地方民族音乐文化的理解和尊重的意识，掌握必要的地方民族音乐文化和相关的音乐知识与技巧，促进与提高学生探索和继承地方民族音乐文化的自主意识，为学生热爱家乡、热爱民族音乐文化、热爱生活打下良好的素质基础。

广东地方乡土音乐课程的设计，要有利于促进学生音乐文化综合素质的提高，有利于学生继承与发展地方民族音乐文化，有利于补充国家音乐课程标准的教学内容，有利于常规音乐教学的可选择性和学生学习的方便性；要倡导注重音乐教育的审美性和文化传承性，注重音乐教育的听觉艺术特征和参与式活动特征，注重以审美为核心、以兴趣爱好为动力，重视音乐实践和音乐创造；关注面向全体和注重个性发展；培养弘扬民族文化与理解多元文化能力；乡土音乐教育要与学生生活相结合、与地方民俗民情相结合、与地方音乐文化活动相结合；做到重点突出、循序渐进，不断强化学生对地方音乐文化的理解与掌握，提高学生对地方民族音乐文化理解和风格特征的把握，促进学生自觉参与地方民族音乐文化活动和弘扬地方民族音乐文化的意识。

广东地方乡土音乐课程教学内容选择，可以根据广东地方乡土音乐以地方语言体系为特点，而发展形成的三大语系的地方乡土音乐特征（广府音乐、客家音乐、潮汕音乐），以及各地、各个学校自身的特点和本地民族乡土音乐的特征，在遵循《全日制义务教育音乐课程标准（实验稿）》的学段目标要求的基础上，注意与现行国家课程标准教材的课程内容相衔接，避免课程内容简单的重复，避免知识内容专业化、技能化，体现补充性与选择性，遵循音乐教学规律，注重审美性、文化性、趣味性，贴近学生生活，贴近社会发展，贴近时代需要，引导学生积极主动地关注本土的民族、民间音乐文化，参与地方民族音乐文化活动，为学生全面综合音乐文化素质的提高奠定终身学习的基础。

广东地方乡土音乐课程的实施，要有利于教师的教学理念的更新和学生学习方式的转变，有利于教学内容的补充性和可选择性，有利于与本土的乡土音乐文化和当地的社会活动相适应，要倡导教学围绕教学内容主线下的千姿百态的教学形式和灵活多样的教学手段，最大限度地为学生提供自主学习、自主参与、自主创新的教学时间和空间，促进和完善地方乡土音乐教学评价体系，补充和完善广东乡土音乐课程体系与资源，为学生提供一个学习地方乡土音乐课程的良好环境和基础。

三、纲要设计思路

广东地方乡土音乐课程，依照《全日制义务教育音乐课程标准（实验稿）》的三个维度目标（情感态度与价值观、过程与方法、知识与技能）和四个教学领域（感受与鉴赏、表现、创造、音乐与相关文化）来呈现。

教学内容：可以根据广东地区三大语系所形成的音乐体系来划分，分别为广府音乐（广东音乐）、客家音乐、潮汕音乐；也可以根据每个地区、每所学校的自身特色和当地的民族民间乡土音乐文化特征来选择。每个地方乡土音乐体系内容中，需涵盖有五个门类［声乐、器乐、舞蹈音乐、说唱音乐、戏曲（剧）音乐］。

教学内容结构与要求：体现教学的补充性与可选择性，教学内容结构与设计，要方便教师在教学中与常规音乐教学内容相整合。

教学内容标准：根据青少年儿童认知发展规律的不同，分为三个学段，分别为学段一（小学1~3年级）、学段二（小学4~6年级）和学段三（初中7~9年级）。按照学生认知规律与不同年龄特征，把地方乡土音乐的五个门类的教学内容合理分配到三个学习水平阶段中去，五个不同门类教学内容与三个不同学段相互渗透，相互衔接，完成中小学地方乡土音乐课程教育的目标。

第二部分　课程目标

广东地方乡土音乐课程目标设置，以音乐课程标准为依据，实现义务教育阶段音乐课程的教育价值。在音乐课程标准的三个目标维度基础上，通过丰富的音乐实践和生动的教学活动内容，培养学生爱好地方乡土音乐兴趣，提高和增强学生对地方乡土音乐的鉴赏、表现与创造能力，以及音乐文化素养，丰富情感体验，陶冶高尚情操。

一、情感态度与价值观

（1）通过地方乡土音乐的学习，提高对乡土音乐文化的兴趣和关注，丰富学生的情感体验，使学生的情感世界受到乡土音乐的熏陶和感染，建立起对本土音乐文化、对亲人、对家乡一切美好事物的挚爱之情，建立起对乡土音乐文化的兴趣和爱好，以及参与乡土音乐文化活动的兴趣和热情，在学习和参与乡土音乐文化活动中，乐于学习和掌握乡土音乐知识和基本技能，为继承和发展乡土音乐奠定良好的基础。

（2）通过地方乡土地方音乐作品的学习，养成对本土音乐文化与其他乡土音乐文化的关注和理解，了解本土和广东其他地区乡土音乐文化的起源和发展，感知乡土音乐文化的民族风格和情感，培养对本土音乐和其他地方乡土音乐的鉴定和评价能力，形成对本地区、本民族音乐文化根的认同，热爱家乡、热爱民族、热爱中华民族的音乐文化。

二、过程与方法

倡导完整而充分地聆听地方乡土音乐作品，使学生在音乐审美过程中获得愉悦的感受和体验，积累丰富的感性体验，激发学生对乡土音乐的好奇心和探究的愿望。根据音乐课程标准学段目标的要求，以及不同年级学生的心理和生理特征，从乡土音乐的基本要素入手，通过欣赏和模仿，为表现和创造乡土音乐、继承和发展乡土音乐奠定基础。在乡土音乐集体表现和实践中，通过以乡土音乐为主线，综合其他艺术表现形式为各种表现形式的艺术实践，培养学生良好合作意识和集体协调的能力，帮助学生理解乡土音乐的意义及其在乡土音乐艺术活动中的价值。

三、知识与技能

通过学习地方乡土音乐，使学生了解和掌握乡土音乐的表现技能和表现要素，以及乡土音乐的体裁、结构和表现形式等基础知识，学习和初步掌握乡土音乐的演唱、演奏的技能，认识和了解乡土音乐的代表人物与简要的发展历史，初步识别和区分不同地区的乡土音乐的题材、体裁及风格特征，认识不同乡土音乐艺术门类的主要表现手段和形式特征，能简单运用所学的乡土音乐表现技能参与本土的乡土音乐文化活动中，认识和理解乡土音乐文化与社会生活的关系。

第三部分　内容要求

一、感受与鉴赏

（一）1~3年级要求

具有感受体验地方乡土音乐的兴趣和愿望，聆听乡土音乐时能够通过体态表达情绪，并能用敲击乐方式对乡土音乐进行模仿。

聆听广东不同地区的乡土音乐，初步感受童谣、城市民谣、小器乐曲等小型乡土音乐的表现形式与风格，并能够哼唱出部分主题，能够用体态律动对乡土音乐作出反应。

能听辨不同地方乡土音乐中童声、女声、男声，能初步区别其形式。

感受体验不同情绪的乡土音乐，并描述其力度、速度，简述乡土音乐情绪的变化。

能听辨乡土音乐的小器乐曲与打击乐，能区分主奏乐器的音色与演奏形式，并能够初步模仿打击乐节奏。

每学年学习2~4首。

（二）4~6年级要求

具有主动聆听和探索地方音乐的兴趣和愿望，能听辨和感知地方乡土音乐的主题，分辨乐句和段落的变化，能说出对音乐的感受和音色的分类，并能运用音乐表情术语进行描述，或用其他形式表现出来。

聆听各种题材和类别的广东不同地区的乡土音乐，并能够随音乐哼唱主题。

知道童谣、山歌、渔歌、小调、部分器乐曲、舞蹈音乐、曲艺等类别，能够区分其种类和表现形式。了解各个地区，各种音乐的代表人物。

通过聆听能够区分不同题材和类别的地方乡土音乐，知道不同题材的地方乡土音乐，并能说出其中部分曲名。

能听辨和区分地方乡土音乐的情绪与形式，并能用语言作简单描述，能初步区分地方乡土音乐的体裁与风格特征。

每学年学习 2~4 首。

（三）7~9 年级要求

具有积极主动参与和探索乡土音乐艺术活动的意愿，能够感知和体验音乐的情感和基本的乐曲结构，并能用自己感知的情绪来描述和评价音乐。

通过听赏乡土音乐能感知和分辨不同的体裁与形式，能说出曲名和结构特点，以及乐曲段落的对比与变化，对其作出简单的分析评点。

聆听与欣赏广东乡土音乐中的戏曲音乐，知道其主要种类、戏曲唱腔等的风格特征，并能区分地方戏曲剧种，以及地方戏曲剧种的代表人物、代表作品和主要唱腔及乐段。

聆听与欣赏广东乡土音乐，知道乡土音乐和器乐曲音乐等的风格特征、代表作品及代表人物，并能对音乐风格和体裁作出简要评述。

通过欣赏比较广东各地的乡土音乐与戏剧，能够分辨不同地方的乡土音乐风格与体裁形式，以及戏剧类别，并能说出曲名和唱腔特征，对音乐和戏剧可以作出比较与评价。

每学年学习 3~5 首。

二、表现

（一）1~3年级要求

乐于参加各种地方乡土音乐艺术表演活动，并能够用身体动作表现乡土音乐。

能用地方方言和自然的歌唱姿势，演唱乡土音乐的童谣、小调、简单的山歌、渔歌和说唱音乐。每学年学唱3~5首。

能学习常见的地方音乐小型器乐曲和打击乐器，能够演奏简单的打击乐曲，并能够用打击乐器参与乡土音乐歌（乐）曲伴奏。

（二）4~6年级要求

能积极主动地参与各种地方音乐综合艺术活动，并从中享受乐趣。

知道用准确的方言和自然正确的声音演唱童谣、小调，说唱音乐、渔歌、山歌，以及戏曲片段。每学年学唱3~5首。

能够选择适当的演奏方式，基本准确的节奏与音高，演奏乡土音乐的小型器乐曲，及戏曲、曲艺的伴奏，并对演奏进行简单的评价。

能够参与地方乡土音乐的艺术活动，并能与他人合作表演乡土音乐歌（乐）曲。

能学习表演简单的地方戏曲和曲艺片段，并能对自己和他人的表演活动作简单评价。

（三）7~9年级要求

具有积极主动参与和探索地方乡土音乐艺术的意愿，能主动参加各种地方乡土音乐表演艺术活动，并能通过活动获得愉悦。

能够通过乐谱演奏、演唱乡土音乐歌（乐）曲，基本准确地表达音乐情绪和意境。能够简单分析地方乡土音乐歌（乐）曲的特点与风格。

能够自主地学习乡土音乐，知道用准确的方言和正确的演唱、演奏方法，能够自信、有表情地演唱、演奏广东地区乡土音乐，并能够表现其基本的风格特征。每学年学习3~5首。

能学习表演地方戏剧中的折子戏或戏剧片段，并能够对戏剧的表演作出合理的评价。

三、创造

（一）1～3年级要求

能够运用地方乡土打击乐器探索声音的强弱、长短、高低和音色，为歌（乐）曲创编简单伴奏，并参与歌（乐）曲表演。

能够在聆听和演唱地方乡土音乐时即兴地律动。

即兴创编具有地方乡土音乐特色的音乐故事和音乐游戏。

能够在演唱地方乡土音乐时，即兴改编简单的歌词，并能用人声、打击乐器等创作2～4小节的节奏和旋律。

（二）4～6年级要求

能够运用地方乡土音乐的打击乐器和特有的节奏创编简单的乐句，并能与他人合作表演。

能够根据聆听的地方乡土音乐，即兴创编与音乐情绪一致的律动和舞蹈。

能够依据地方乡土音乐的旋律或节奏，即兴编唱生活短语或歌词短句。

能够在演唱地方乡土音乐时即兴创编歌词，并能为地方乡土音乐进行简单的填词。

能够依据地方戏剧或戏曲音乐，即兴改编符合戏剧情绪与情节的人物动作或造型。

能够独立或与他人合作编创具有地方乡土音乐特色的短曲4～8小节，并能独立表演。

能够根据地方音乐创作4～8小节的节奏乐句或旋律。

（三）7～9年级要求

能够依据地方乡土音乐和打击乐器的特色创作简单的乡土音乐乐段，并能与他人合作表演。

能够与他人合作为地方乡土音乐或乐曲填词，能够为地方乡土音乐歌（乐）曲创作新词。

能够根据地方戏曲或戏剧音乐，创编与戏曲音乐情绪相符的戏剧片段，并与他人合作表演。

能够独立或与他人合作，运用地方乡土音乐素材创作 8 小节以上的短曲，并能独立或组织多人表演。

能为地方音乐歌（乐）曲及戏曲创编前奏和间奏。

四、音乐与相关文化

（一）1~3 年级要求

对当地的乡土音乐文化及活动产生兴趣。

愿意参加社区或乡村的地方乡土音乐活动。

能够有兴趣地聆听和学唱地方乡土音乐，并能够用色彩、线条、形体等表现地方乡土音乐的节奏、情绪与变化。

知道本地区和广东其他地方乡土音乐中的童谣、小调、山歌、渔歌、锣鼓以及部分器乐曲等。

（二）4~6 年级要求

主动关注本地区的乡土音乐文化和活动，有兴趣地收集地方乡土音乐文化资料。

主动参加社区或乡村的乡土音乐文化活动，并能与他人交流与合作表演。

能够主动聆听和演唱、演奏本地区和广东其他地方乡土音乐，有兴趣学习本地区地方戏曲。

知道辨别本地区和其他地方乡土音乐的文化特征，了解本地区和广东其他地区的地方乡土音乐与文化、民俗、民情的关系。

知道本地区和广东其他地区的地方乡土音乐文化的代表人物和代表作品，能够了解广东地方戏曲和地方戏剧的种类。

（三）7~9 年级要求

积极主动关注本地区和广东其他地区的地方乡土音乐文化和活动，主动收集和整理地方乡土音乐文化的相关资料，并能与他人分享。

积极主动参加社区或乡村的地方乡土音乐文化活动，能与他人合作表演，并能给予评价。

能够积极主动地演唱、演奏广东地方乡土音乐，主动学习地方戏曲或戏剧片段，并能与他人合作表演。

知道辨别广东不同地区的乡土音乐和戏曲的文化特征，了解地方乡土音乐和地方戏曲（戏剧）与文化，民族、民俗民情的关系，以及发展历史。

知道广东地方乡土音乐文化和戏曲，以及地方剧种的代表人物、代表作品，能够区分广东地方戏曲和地方剧种的风格特征。

第四部分　实施建议

一、教学内容的几点提示

（一）感受与鉴赏

感受与鉴赏是乡土音乐教学的重要内容，是培养学生对乡土音乐产生兴趣、提高感受力与审美能力的有效途径，是增强学生对乡土音乐文化理解认同的有效途径。在教学中，注意音乐教学的两大特征，听觉艺术特征和参与式活动特征。在注重以音乐为本和听赏为主的活动中，注意引导学生对音乐风格、体裁、表现形式和文化的比较，引导学生关注音乐与语言、音乐与学生生活、音乐与社区、乡村的各种文化活动、音乐与当地社会的关系。教学内容要紧密与当地的乡土音乐艺术活动相结合，与学生社会生活相结合，与学生家庭生活相结合。鼓励学生收集展示与教学内容相关的乡土音乐文化资料。

（二）表现

学习和演唱、演奏乡土音乐是中小学乡土音乐教学的主要内容，也是学生参与乡土音乐的实践和培养学习乡土音乐兴趣的最佳途径。

要注重全体学生参与乡土音乐的实践形式和内容，激发学生学习和乐于演唱、演奏乡土音乐的兴趣，学会与他人合作参与表现乡土音乐实践活动，提高对乡土音乐的理解、鉴赏、创作的能力。

在演唱、演奏中注意调动每一个学生参与的积极性，培养学生的演唱、演奏的自信心，使学生在演唱、演奏表现中享受到美的熏陶和愉悦，引导学生运用简易乐器和打击乐，为演唱、演奏伴奏，鼓励学生从自身的兴趣爱好出发，在参与乡土音乐实践中发展自己的特长。

在地方乡土音乐教材内容编写中，建议采用简谱记谱方式，提倡使用首调唱名法来学习地方乡土音乐。

（三）创造

创造是乡土音乐继承和发展的最佳途径与形式，引导和鼓励学生对地方乡土音乐教学内容进行适当的改编和创编，以及根据地方乡土音乐特点进行创造等，增强学生对乡土音乐文化的关注和爱好，主动发展和继承乡土音乐。

在乡土音乐教学中，要给予学生创造性发挥的时间与空间，教师要将创造性思维方式贯穿于各个教学环节，鼓励学生对乡土音乐的歌（乐）曲进行填词、改编、创编，以及发展创新和编配伴奏等，注重学生的乡土音乐实践过程，培养学生的创新精神。

二、教学中应注意的问题

（一）关于教学

根据《全日制义务教育音乐课程标准（实验稿）》要求，"编写的教材占教材总量的 80%～85%，其余 15%～20% 留给地方教材及学校教材"，因此学校要在音乐课教学中安排 10%～15% 的地方乡土音乐教学课时，即每个学年要求安排 3～6 个课时的乡土音乐教学内容（小学阶段大约 30 个学时，中学阶段大约 12 个学时）。要求音乐教师每学期都应该安排有地方乡土音乐教学内容和教学计划。

各地教学研究机构要在教学研究计划中安排地方乡土音乐教学内

容的研究和地方乡土音乐教学内容的研讨，要将地方乡土音乐教学内容有机地渗透到常规的音乐教学中。如根据音乐课程标准的学段目标，选择适合的乡土音乐教学内容与常规的音乐教学内容有机地结合，体现乡土音乐教学内容的补充性和可选择性。

可以利用学校地方课程时间或课外小组活动时间，以及社区活动等多种形式，把乡土音乐渗透到学校校园文化建设和学校音乐艺术活动中，以及学生学习与生活中去，提高学生对本地区、本民族乡土音乐文化的认同和兴趣，培养学生爱家乡、爱祖国、爱人民的高尚情操。

（二）关于师资培训

在实施地方乡土音乐教育中，要加强教师地方乡土音乐的学习和培训，把地方乡土音乐教育培训列入教师在职继续教育的培训系列和校本教师培训计划，分层分类地开展培训计划，不断提高音乐教师地方乡土音乐教学的水平，提高音乐教师把握地方乡土音乐的风格特征。

各地要重视地方乡土音乐教育教学的研究工作，各级教研部门要把地方乡土音乐教育教学研究纳入到教学研究的常规工作中，针对不同学段、不同地方乡土音乐类别的特点，开展有针对性的教学研究工作。

（三）关于活动的开展

地方乡土音乐教育是学校音乐教育的重要组成部分，是弘扬民族文化、凝聚民族精神的有效途径，学校应该将地方音乐教育与学校音乐艺术教育有机地相结合，创设课内与课外相结合，教学与活动相结合，校内音乐艺术活动与社区地方乡土音乐艺术活动相结合的环境和条件，为学生学习地方乡土音乐、实践地方乡土音乐提供支持和方便，以实现促进学生音乐综合素质的全面发展。

三、评价建议

地方乡土音乐课程评价要充分体现全面推进素质教育精神，认真贯彻落实音乐课程标准的精神和基本理念，注重评价对教育的促进、激励与改善功效，对课程建设的功效，对促进学生发展与培养的功效，对教师教学进取与激励的功效，促进和完善乡土音乐课程的建设与发展。

评价是乡土音乐课程实施的重要环节，也是对乡土课程实施的可行性、有效性、科学性以及教育价值认定的依据，是评价课程目标和教学计划以及教学内容实施效果的依据，是评价学生学习提高和教师教学效果的依据。

（一）评价内容

地方乡土音乐课程的教学，要注重地方乡土音乐的教育功能，在对学生感受与鉴赏，表现与创造学习状况评价的同时，要注重对学生的情感态度、乡土音乐实践与社会音乐实践能力、合作与表现能力、探究技能与收集整理能力进行全面、综合的发展性评价。

1. 情感态度

对乡土音乐的兴趣与爱好，参与乡土音乐实践和地方乡土音乐文化活动的状况，对乡土音乐文化的了解和知晓程度，以及关注地方乡土音乐文化和活动的态度。

2. 技能与知识

能运用掌握的知识和技能演唱、演奏乡土音乐作品，了解本土的乡土音乐文化和广东其他地区的乡土音乐文化，有探究和收集乡土音乐文化，并给予整理传播的能力。

3. 过程与方法

能运用所学知识对乡土音乐进行加工、改编、创造，并能与他人合作表演，能对乡土音乐进行探究、比较、甄别、评价、鉴赏。能运用所学知识和技能参与乡土音乐的艺术实践活动和学校、社会的乡土音乐文化活动，并能与他人合作表演，从中获得愉悦。

（二）评价形式和方法

乡土音乐课程的评价形式和方法，是落实评价实施与评价质量的根本保证，合适的评价形式和方法决定了评价的效度与信度，并能真正发挥和体现评价的促进性与发展性。

评价的形式和方法，要注重乡土音乐课程评价的全面性和差异性相结合、形成性和终结性评价相结合、自评性和互评性评价相结合、定性性和定量性评价相结合、生生评价与师生评价相结合、校内活动与校外活动评价相结合、教师评价与家长评价相结合等多元化的评价原则。除教学过程中与期末评价的方式以外，提供部分年评价的模式供参考：

（1）班级主题音乐会。

（2）学校乡土音乐文化周。

（3）学生乡土音乐文化资料收集与点评的展示（评比）。

（4）学校乡土音乐文化展示节，或乡土音乐文化艺术节。

（5）参与社区和乡村当地的乡土音乐文化活动，或与社区和乡村共同举办乡土音乐文化活动。

总之，要探索和研究评价的形式、内容、结构和方法等，充分体现评价的自主性、促进性、发展性和民主性等。可选用档案式、任务式、艺术实践式的评价形式和方法来构建评价体系和营造民主评价氛围，使评价功能真正发挥促进乡土音乐课程的发展，促进乡土音乐教学质量的提高，促进每一个学生的发展。

四、课程资源的开发利用

课程资源是指所有与课程相关的材料、资源、信息、环境与活动等，如：教师是资源，学生是资源，学校是资源，社会是资源，网络是资源，等等。要用全开放式的课程资源观去开发和建设地方乡土音乐课程资源，利用和开发所有与地方乡土音乐相关的人力资源，音乐生活资源，校内与校外的环境资源，各种当地乡土音乐文化活动资源，当地乡土音乐民间艺人等资源。

收集和整理学生、教师个人的乡土音乐资源，家庭生活的乡土音乐资源，当地乡土音乐文化资源，学校校本乡土音乐资源，当地社会民族民间乡土音乐文化活动的资源等，以及一切与地方乡土音乐课程有关的资源和信息，所形成的文本资料、图像资料、音像资料和网络资料，建立起地方乡土音乐课程资源库。

在加强地方乡土音乐课程资源建设的同时，配合地方乡土音乐的教学，积极开发地方乡土音乐教育的教学课件，教学图文资料、音像制品等教学资源，提高教学的实效性；充分利用当地社会、电台、电视台和网络资源，充分开发利用校内外各种地方乡土音乐课程资源和地方民族民间乡土音乐艺术活动，挖掘地方乡土音乐教育教学相关的文化、民族、民俗、民情资源；重视家庭与社会的环境对学生学习地方乡土音乐兴趣的培养和审美情趣的影响，使学生从小受到民族音乐文化的熏陶。

五、教材编写建议

编写教材要以本课程纲要为依据，教材应包括学生用教科书、教师用参考书及相关配套的音响资料，编写教材之前要向教育行政部门申请立项，编写后需经教育行政部门审查通过方可使用。

教材编写应遵循以下基本原则：

教育性原则：教材内容要具有思想性和教育性，既要有音乐教育特色性，又要有思想品德教育性。

艺术性原则：教材内容要具有审美性和艺术性，既要有音乐教育教学的规律性，又要突出地方乡土音乐的特色性。

文化性原则：教材内容要具有历史性和文化性，既要体现民俗民情，又要反映当地的音乐艺术文化特征；既要反映当地乡土音乐的历史，又要体现乡土音乐文化的发展。

补充性原则：根据《全日制义务教育音乐课程标准（实验稿）》精神的要求，乡土音乐教材内容只占音乐总课程内容的 15% 以下，要充分体现教材内容的补充性，体现对音乐课程标准常规音乐课程与教学内容的补充，体现对地方课程和校本课程的补充。

可选择性原则：教材内容要体现可选择性，教材内容和体例架构编排，要根据音乐课程标准的学段目标，适当编写教学内容与教学活动，要能够方便教师在教学中结合国家音乐课程标准教材内容进行整合教学，有利于教师的教学和学生的学习。

　　以学生为本的原则：教材内容遵循学生生理和心理及审美认知规律，从学生生活、能力、兴趣需要出发，结合学生生活经验和社会文化环境，提供学生感受音乐、表现音乐、创造音乐及学习地方乡土音乐文化知识的时空，为学生终身学习、提高审美素质和发展奠定基础。

研究成果六

广东省乡土美术课程纲要

（试行）

目　　录

第一部分　课程性质和基本理念

一、课程性质与价值

广东乡土美术课程是对《义务教育美术课程标准（2011 年版）》（简称《美术课标》）所规定的课程内容的补充和扩展，是进一步培养和提高学生的审美意识、美术素养，培养学生健全的人格，培养学生热爱祖国、热爱广东、热爱家乡的美好情感，促进个性发展的一门课程。广东乡土美术课程可以让学生进一步了解自己家乡的人与自然、社会的关系和满足自身发展的需要。

在目前多元文化的背景下，通过广东乡土美术课程建设，既有利于保护和弘扬民族和本土文化，保护民族和本土文化的固有价值，使人们产生精神的认同、自尊和自信，也有利于保持文化生态的多样性。

二、课程基本理念

广东乡土美术课程依据美术学科教学的特点，利用广东地区先民所创造的优秀美术成果，充分发挥美术的教育功能，培养学生热爱祖国、热爱广东、热爱家乡的真挚情感，弘扬爱国主义精神，陶冶、关爱人的情操。

广东乡土美术课程应遵循素质教育的要求，面向全体学生，以学生发展为本，培养学生的人文精神和审美能力，为促进学生健全人格的形成、促进学生全面发展奠定良好的基础。因此，应选择有广东地域特点的、基础的、有利于学生发展的广东地方美术知识和技能，组成广东乡土美术课程的基本内容。同时，要注意课程内容的多样化，适应学生基本素质、年龄的差异。要充分发挥广东乡土美术课程的特点，将美术课程内容与学生的生活经验紧密联系在一起，贴近学生的现实生活、贴近社会发展水平，引导关注学生生活中的美术现象，让学生在具体的文化情境中认识广东乡土美术，认识广东乡土美术的特征、表现形式的多样性以及广东乡土美术对广东社会生活的影响，激发学生学习广东乡土美术的兴趣，培养学生对家乡优秀美术传统的热爱。要强调广东乡土美术课程知识和技能在帮助学生美化生活方面的作用，使学生在实际生活中领悟广东乡土美术的独特价值，引导学生在具体情境中探究与发现，重视实际技能与能力的培养，发展综合实践能力，最大限度地开发学生的创造潜能，培养创新精神和解决问题的能力，使学生具有将创新观念转化为具体成果的能力，有助于学生终身学习能力的培养。

广东乡土美术课程在教学内容的选择上要避免重知识、轻能力，避免成人化倾向；既要遵循美术教学规律，注意与《美术课标》所规定的课程内容的衔接，又要避免简单重复。

广东乡土美术课程要有利于教师教学理念的更新，有利于教学方式的转变。要倡导灵活运用多样化的教学手段和方法，为学生的自主学习创造必要的前提；要发挥教师在开发地方美术课程资源方面的主导作用，鼓励教师自主实施地方美术教学。

广东乡土美术课程的设计与实施，要有利于美术教学评价的改进，形成以评价学生综合素质为目标的评价体系，全面实现美术教学评价的功能。

第二部分　课程目标

通过广东乡土美术课程资源开发和广东乡土美术课程教学，使学生从美术的角度认识广东地域文化，了解广东不同地方出现的丰富多彩、独具特色的器物造型和艺术造型及其功能、方法和意义。通过物质形态的实物、图像、影像资料了解广东地方文化，并通过对广东地方文化资源的形态、色彩、材质、功能以及制作方法的分析，来认识广东地方文化中所蕴涵的当地人民的生存方式、价值观。

一、知识与技能

掌握基本的美术知识，包括：广东地区在社会历史发展过程中所产生的有历史影响的重要的美术家和民间工艺美术代表人物及代表作品；在艺术史中有影响的作品或物件、器皿；流传有序的具有区域性或时代性特点的艺术作品或物件、器皿及制作方法和技艺；艺术史上有影响的艺术事件和现象；重要的相关概念和美术史发展的基本线索。

二、过程与方法

（1）通过美术课堂学习和课后活动，了解广东先民在美术文化创造方面的成就，加深对广东地区美术文化的理解，并能作出自己的解释。学习识别多种类型的广东乡土美术的方法，掌握一项或多项广东乡土美术的表现、设计的基本技能。

（2）注重探究式学习，善于从不同角度提出问题，创新方法；乐于同他人合作，共同探讨问题，交流学习心得；学习运用审美的眼光来分析美术现象和作品，加深对地方美术文化的理解。

三、情感态度与价值观

（1）了解广东乡土美术发展概貌，理解并热爱广东先人所创造的优秀文化传统，形成对家乡历史与文化的认同感，培养热爱国家、民族、家乡的美好情感，逐步确立为家乡的繁荣、安定，为祖国的社会主义现代化建设、人类和平与进步事业作贡献的人生理想。

（2）在掌握基本知识和技能的过程中，逐步形成正确的审美观念，确立积极进取的人生态度、坚强的意志和团结合作的精神，为树立正确的世界观、人生观和价值观打下良好的基础。

第三部分　内容要求

　　《广东省乡土美术课程纲要（试行）》（简称《美术纲要》）将广东乡土美术学习内容分为广东画家及作品介绍、广东民居、陶瓷手工技艺、雕刻手工技艺、其他手工技艺等五类专项学习内容，按分布地域可分为广府美术、潮汕美术、客家美术三大板块。《美术纲要》对五类专项学习内容，在比例上不作具体的规定，各地可根据情况灵活安排；对三大板块内容各地可根据当地情况有侧重地进行选择性学习。

　　《美术纲要》努力体现国家基础教育课程改革的基本理念，促进学生学习方式的转变和教师教学方式的转变，促进地方课程资源的充分利用，要兼顾美术学科的系统性与乡土美术课程学习内容的内在联系，以反映美术学科的特点，突出广东乡土特色。依据"造型·表现"、"设计·应用"、"欣赏·评述"和"综合·探索"四个美术学习活动领域，《美术纲要》提出广东乡土美术课程内容的成就标准，标准为检测内容学习达成度的要点。

　　本课程教学课时建议为 54 学时，可分在义务教育阶段各年级开展。

一、内容及要求

（一）广东民居

　　知道骑楼、开平碉楼、陈家祠、西关大屋、岭南四大名园等不同样式的建筑；知道不同样式的潮汕民居（如"下山虎"、"四点金"、"百凤朝阳"、"驷马拖车"等）；知道客家围屋、土楼等客家建筑样式。学习比较、分析并欣赏广东民居特色。概述、讨论广东民居历史沿革、风土人情；以广东民居为题材，尝试进行写生练习、制作练习、设计练习。

（二）广东画家及作品介绍

知道"岭南画派三杰"、林风眠、李铁夫、龙门农民画、康有为等广东书画名家、流派，了解他们的生平并对其主要作品进行欣赏、讨论、概述并分析其作品特色，尝试学习其艺术表现方法。

（三）雕刻手工技艺

了解玉雕、象牙雕刻、广州木雕、潮州木雕、广东砖石雕刻、端砚等广东雕刻类艺术，知道并欣赏其主要代表作品及作者，讨论、概述并分析其艺术特色及历史背景和人文精神；尝试有选择性地学习、练习其表现方法。

（四）陶瓷手工技艺

了解石湾陶塑、广彩瓷、潮州枫溪瓷、大吴泥塑等岭南陶瓷类艺术，知道并欣赏其经典作品及作者，学习比较、分析、概述其艺术特色及历史背景和人文精神；尝试有选择性地学习、练习其表现方法。

（五）其他手工技艺

了解广绣、潮绣、佛山剪纸、潮汕剪纸、佛山木版年画、灰塑、嵌瓷、英德假山石、岭南盆景、根雕、阳江风筝、广东彩扎、潮州抽纱工艺、小榄菊花等广东各类工艺和民间艺术。知道并欣赏其主要代表作品及作者，学习比较、分析、概述其艺术特色及历史背景和人文精神；尝试有选择性地学习、练习其表现方法。

二、学习领域及成就标准

（一）造型·表现

"造型·表现"领域是指运用多种媒材和手段，表达情感和思想，体验造型乐趣，逐步形成基本造型能力的学习领域。

（1）对广东乡土美术学习有比较浓厚的兴趣并积极参与，并在造型表现活动过程中表现出一定的想象力和创造力。

（2）掌握两种以上的广东乡土美术创作方法，用写生、记忆、想象和创作等方式，进行广东乡土美术的造型表现活动。

（3）能根据自己所观察到的广东乡土美术特征在绘画作品中有

所表现，大胆、自由地表达自己的观察、感受和想象，创作若干件能反映自己学习水平的作品。

（4）选用各种可能的材料，根据不同媒材的特点，结合自己的创作意图，尝试用纸材、泥材、泡塑等多种媒材以及简便的工具，灵活运用雕、刻、塑、编、织、扎、染、撕、剪、划、折、叠、揉、搓、压等方法，进行工艺制作（如玩具、风筝、陶艺制作等）练习，创作有广东乡土美术特征的立体造型工艺手工品。

（5）选择计算机、照相机和摄像机等媒介，进行有广东乡土美术特征造型表现活动。

（6）用口头语言和短文的形式评价自己和同学的作品。

（二）设计·应用

"设计·应用"领域是指运用一定的物质材料和手段，围绕一定的目的和用途进行设计与制作，传递、交流信息，美化生活及环境，逐步形成设计意识和实践能力的学习领域。

（1）以观察和体验的方式，了解有广东传统地域特征的生活用品的造型与使用的方法，分析物品的外形、用途和材料，尝试用自己的语言描述物品提供的服务和帮助。

（2）尝试描述有广东地域特征的生活用品和其他物品的外形与用途的关系，初步理解其设计的作用和意义，从设计的角度对设计作品进行简单的艺术分析。

（3）主动地选择材料，尝试各种不同媒材（如竹木、纤维、陶泥、金属等），了解一些媒材（如面材、线材、体材等）的特性，进行简单的加工制作。用雕、刻、编、画、撕、剪、粘等方法进行简单的有广东地区传统特征的生活用品设计制作活动，表现自己改良生活用品的想法，体验想象与设计制作的乐趣，并在设计活动中表现出一定的有广东地域特色的创意。

（4）用设计语言清楚地分析、评述自己和同学的广东地域特征的生活用品和其他物品的设计。

（5）利用参观、访问、市场调查或网络查找的方法，了解与研究广东民间传统工艺，用照相、绘画或文字记录的方式收集地方设计资源，并对各种作品进行分析与评价。

（6）根据设计的基本原理与方法，结合有关平面构成、立体构成和色彩构成等知识，进行多种形式的广东地域特征的生活用品和其他物品设计（如服装设计、灯具设计、家具设计、室内陈设设计、玩具设计等）制作练习。

（三）欣赏·评述

"欣赏·评述"领域是指学生对广东地区的自然美、美术作品和美术现象等进行观察、描述和分析，形成审美趣味和美术欣赏能力的学习领域。学生除了通过欣赏获得审美愉悦之外，还应认知作品的思想内涵、形式与风格特征、相关的历史与社会背景，以及作者的思想、情感和创造性的劳动，并用多种语言（如美术语言、口头语或书面语、肢体语言等）表达自己的感受与认识。

（1）通过观摩录像、图片和实物，以观摩、讨论的方式，欣赏优秀的广东美术作品和民间工艺美术作品。乐于了解广东地域的美术成就，对优秀的富有广东地域特征的作品进行欣赏和讨论。

（2）收集和欣赏广东地域特征的广东美术作品和民间工艺美术作品，感受和评述其造型与色彩的特点。用简单的词语表达对富有广东地域特征的美术作品和自然景色的感受。

（3）通过查阅资料、师生互动、访谈等方式，了解中外美术史中的广东美术和民间工艺美术重要流派及其代表人物与作品。识别一些广东地域特征的作品在题材、表现方式等方面的特色和异同。知道至少3位广东地域特征的作品重要美术家及其代表作品。

（4）用美术术语描述和分析广东美术作品和民间工艺美术作品的意义和审美特征，运用适当的欣赏方法（描述、比较、分析、解释、评价等）欣赏广东美术作品和民间工艺美术作品。用恰当的词语、短句等常用的美术术语，表达自己对广东美术作品和民间工艺美术作品的感受和想法。

（5）通过观摩或邀请当地工艺美术家、民间艺人演示和介绍等方式，欣赏广东传统工艺美术作品和民间美术作品（如泥塑、陶瓷、剪纸、编织、刺绣、漆器等）。

（6）从功能和审美的角度，欣赏广东地区优秀的建筑和环境艺术作品，并结合当地的建筑和环境进行评述，体会建筑、环境艺术（如民居、园林、广场、公共艺术作品）与人的关系，认识其中所蕴涵的人文精神。

（7）通过访问艺术工作室或艺术作坊，参观美术馆、博物馆和查阅资料等方式，了解艺术品的制作过程和美术展览的方式。

（8）了解和认识广东美术作品和民间工艺美术作品与生活的关系及美术的文化价值，珍视和保护人类文化遗产。

（四）综合·探索

"综合·探索"领域是指通过综合性的美术活动，引导学生主动探索、研究、创造以及综合解决问题的美术学习领域。它分为三个层次：①融美术各学习领域（"造型·表现"、"设计·应用"和"欣赏·评述"）为一体；②美术与其他学科相综合；③美术与现实社会相联系。上述三个层次之间又有着不同程度的交叉或重叠，使学生能够达到以下目标：

（1）积极参与造型、设计、欣赏等广东美术作品和民间工艺美术作品学习活动，并乐于与同学合作。

（2）对媒材的形状、色彩和材质感兴趣，发现并收集身边可以用于造型活动的各种材料，进行广东美术作品和民间工艺美术作品联想和创作。

（3）积极开动脑筋，结合语文、音乐、社会等学科内容进行创作与展示。

（4）以口头或书面的方式表达自己对美术与生活环境、美术与传统文化的体会。

（5）以个人或与集体合作的方式，进行广东美术作品和民间工艺美术作品的创作与展示，并通过展示的方式表达自己对美术与人类生存环境、美术与传统文化、美术与多元文化之间关系的认识和理解。

（6）通过参与一项广东传统节日的活动，了解其来历及与之相关的设计、创作与展示，体会美术与传统文化的关系。

第四部分 实施建议

　　广东乡土美术课程是一门具有实践性、生成性、综合性与自主性特点的艺术课程，在教学实施过程中提倡与课外活动和社会实践活动紧密联系，要充分提供与学生生活环境有关的素材，通过录像、图片、实地考察、调查分析等活动，密切课堂与生活的联系，让学生有一个感受和体验的过程，更加有助于激发学生学习的动机，提高学生学习兴趣，助于确立学生在教学过程中的主体地位。素材可以来自于教师和学生的搜集。地方课程实施的真正目的是在学生体验知识获得、技能练习的过程中，促进学生审美力的提高。在教学实施过程中，应重视教学设计的合理性，关注学习过程的生成性，把教师传授与学生练习结合起来，促使学生在获得知识的过程中提高能力。

一、教材编写建议

　　教科书编写要以毛泽东思想、邓小平理论、"三个代表"重要思想和科学发展观为指导，有利于社会文明的进步，有利于学生素质的提高，满足学生未来发展和终身学习的需要。

　　《美术纲要》是教科书编写的依据。教科书编写者要领会纲要基本精神。建议按照《美术纲要》中第三部分所规定的内容要求，体现广东乡土美术课程在知识与技能、过程与方法、情感态度与价值观等方面的总体目标。在实现课程目标的前提下，教科书编写可以充分发挥创造性，重新组合和调整课程内容的顺序，以利于学生的学习和教师组织教学，可以适当增加一些内容纲要之外的知识，这些知识要有助于学生更好地达到课程目标，有利于学生的个性发展。

　　教科书的内容应体现时代性和适应性，有利于学生素质的全面发展，满足学生未来发展和终身学习的需要，有利于学生学习方式由被动接受型向主动参与型转化；教学内容应体现少而精，内容要有利于培养学生的能力，呈现方式要尽量多样化，避免与国家课程的简单重复；要提供多种辅助性教学参考资料，为学生的探究性学习创造条件。

广东乡土美术教学内容的表达应避免过分专业化倾向，教材编排应符合学生学习心理，从内容到形式都应适合学生的心理特征和认知水平；为激发学生学习美术的兴趣，教科书宜提倡使用平等对话式和启发式的语言表述方式，避免说教式和灌输式的语言表述方式；语言文字要简洁、浅显、生动，具有可读性；应图文并茂、生动活泼、乐学易教。

教学内容的编排应突出实践性，在呈现具体知识技能的同时，更应注重从学生已有的生活体验入手。教材应多设计一些与学生生活联系密切的、具有可操作性的活动，激发学生的学习兴趣，使他们真正参与到学习过程中去；应突出反映广东经济、社会、文化的特点。

教学内容要有一定弹性，以提高各地使用时的可选择性。

二、教学建议

教师在教学活动中应给学生提供直观的、感性的、视听效果好的地方美术素材，使学生体验、感受各地的文化艺术，并注重参与探究的教学实践活动，从而培养学生的人文精神及艺术能力。要有利于学生学习方式的转变。要倡导学生积极主动学习，在生活化、多样化、开放式的学习环境中，充分发挥学生的主体性、积极性与参与性，培养审美的能力和实事求是的科学态度，提高创新意识和实践能力。应注意使学生在美术学习的过程中，逐步体会美术学习的特征，形成基本的美术素养和学习能力，为终身学习奠定基础。

（1）注重学生学习方式的转变和知识的学习过程、方法，培养学生的自主学习能力。鼓励学生通过独立思考和交流合作学习美术，培养动手实践的能力，养成探究式学习的习惯。

（2）根据内容要求对知识与技能的不同层次要求组织教学。内容要求对美术知识与技能的学习分为三个层次：

①在内容要求的陈述中使用"知道"、"了解"、"尝试"、"练

习"等行为动词的，为识记、模仿层次要求。

②在内容要求的陈述中使用"概述"、"讨论"、"比较"、"欣赏"等行为动词的，为理解层次要求。

③在内容要求的陈述中使用"设计""分析"、"制作"等行为动词的，为应用、独立操作层次要求。

（3）提倡教学形式的多样化，积极探索多种教学途径，组织丰富多彩的教学活动，充分开发和利用广东乡土美术资源，让学生亲身感受和体验地方美术。例如：开展课堂讨论，举办地方美术讲座，进行地方美术方面的调查，参观历史博物馆、美术馆，考察历史遗址和遗迹，采访民间艺人，举办小型地方美术专题展览，等等。

（4）注意教学方法、教学手段的多样化和现代化。应积极运用教学挂图、幻灯、投影、录音、录像、影片、模型等，进行形象直观的教学；要努力创造条件，利用多媒体、网络组织教学，开发和制作地方美术课件，开展美术学科的计算机辅助教学。

（5）广东乡土美术课程资源具有地域性、独特性和丰富性特点，在教学活动实践过程中可采用如下形式。

①在日常课堂教学过程中渗透相关的广东乡土美术内容，对国家美术课程教学内容进行拓展、延续、补充，加强国家课程与地方课程的联系，如引导学生对当地古民居进行观察、讨论，尝试线描绘画，通过这样的安排，学生对家乡著名的建筑有一个比较全面而具体的认识，印象也会更深刻。

②单元式开课。凡是能自成体系的乡土美术课程资源可以采用单元式开课形式。如《剪纸》等内容，一般安排在完成原有教材内容的教学之后设置一单元当地的剪纸内容教学。

③专题讲座。由于各个乡土美术不同种类内容几乎不同，有的地方课程资源呈现内容连贯性不强的特点，因此可以以专题讲座形式进行。如地方美术不同种类的介绍，可采用专题讲座的操作形式，教师及时准备好讲座稿并收集相关资料、图片，以引导学生欣赏和感受家乡秀美的不同种类美术。

④活动式教学。对于一些地域性强和内容丰富的地方课程资源，

适合于学校美术兴趣小组活动，可采用活动中学的形式开展，可开展室外现场写生艺术实践活动，让学生选修。

三、评价建议

广东乡土美术课程教学评价应促进地方课程建设和学生的发展为目的，它应是一种整体性的、动态的评价。评价体系应体现地方特色，评价主体必须多元化，要使教师和学生都参与到教学评价中来；还要努力提高教学评价的参与度，丰富地方课程评价的角度、维度与时代特色。

（一）评价目的

广东乡土美术的教学评价以《基础教育课程改革纲要（试行)》（教基〔2001〕17号）为指导，既关注学习结果，又关注学生在学习过程中的变化和发展，既关注学生的学习水平，又关注他们在学习活动中表现出来的情感和态度，通过评价保护学生的自尊心、树立自信心、激活进取心，评出发展的功能和创新的活力。评价的目的应有利于师生之间、学生之间的交流与沟通；有利于教师对自身教学活动的反思，作出恰当的教学决策；有利于提高学生的自我反思能力，对自己的学习负责；有助于使学生体验成功，感受成长与进步；有助于激发学生的学习动机，为学生的自主发展与人格完善创造条件。

（二）评价功能

教学评价是实现课程目标的有效保证，是美术教学环节的重要组成部分，对促进美术教学、提高教学质量具有重要的意义。广东乡土美术课程的教学评价要突出以下几方面的功能。

1. 发挥评价对学生的激励作用

广东乡土美术课程是让学生了解人与自然、社会的关系和满足人的自身发展的需要，要让学生形成对学习活动的兴趣，因此，评价的主要功能是激励教育。

2. 评价有助于促进学生发展

每个人的个性特征、知识水平、生活环境是有差异的，要让每一个学生在教师和同学们的帮助下，在原有的基础上有所提高。

3. 学生既是评价的对象，又是评价的主体

学生是学习的主人，有发展的自主性，地方课程的教学评价也应体现这种自主性。

（三）评价内容

在广东乡土美术课程的教学内容中，应充分发挥地方美术课程特殊的教育功能，不仅要求对学生掌握知识的状况作出评价，而且要对学生美术技能和方法、情感态度等学习目标达到的程度进行综合性、多元化发展性评价。

1. 知识的掌握和运用

能运用原有的知识与技能获得新知识、发展新技能，并加深对已有知识的理解，表现出对知识和技能的整合能力。

2. 辩证地观察、分析问题

能对各种美术现象进行质疑和反思，提出自己的见解。

3. 探究技能和实践能力

能通过观察、写生、调查等方式获得对地方美术知识的了解；并能选用恰当的方式呈现成果。

4. 沟通与合作

能清晰地、有目的地与同学一起确定学习目标并实现目标，完成学习任务。

（四）评价方法

（1）可采用等级制，设合格、不合格两个等级。

（2）坚持学生自评、互评和教师评价相结合，可以对学生参与的活动，如创作、探究、交流、讨论等活动中的表现加以逐一评价。但无论是学生自评、互评还是教师评价，关注的是学生的参与度、学生在学习过程中的收获。对学生的活动过程的分析与评价都采用"自我参照"的原则，即以学生的已有的知识和能力为参照系，关注他们的发展水平，评价要求不是整齐划一。

（五）评价形式

本课程注重学生对家乡美术发展过程的认识，注重学生理解乡土

美术发展在整个美术史发展过程中的地位与作用。因此，评价应注重知识的综合、学生的参与，应采用多元化发展性评价。建议采用的评价方式有：

1. 主题活动评价

是对主题活动成效的评价。可根据课程的特点，将学生分小组合作研究，以学生自主活动、直接体验为基本形式进行活动，活动形式主要是以家乡的地方美术为主题，建议可以进行家乡地方美术知识竞赛、家乡地方美术资料收集与整理、家乡名胜古迹考察等形式多样的主题活动。可围绕主题，经历从确定主题、小组成员的具体分工、收集材料、组织材料到呈现成果（写生、摄影、观后感、读后感、小论文等）的较完整过程，进行综合的探究活动。这种评价形式，可以了解学生对家乡地方美术的直观认识，考察学生的综合能力以及发展学生的良好个性，有助于调整学习状态，进一步激发学生的学习美术的热情，激发对家乡的热爱之情。

2. 个人代表作品档案记录

收集学生个人的家乡乡土美术作品，建立家乡乡土美术学习过程档案，并对学生的家乡乡土美术学习情况进行评价。个人代表作品可以学期为单位，由学生挑出最能代表自己学习水平的个人地方美术作品，可在作品名称、创作设想、创作过程、我的收获与体会、材料或资料来源、家长意见、同学意见、教师意见等方面设计"学生个人作品评价表"。教师、家长、同学和自我评语应该突出学生美术学习的特长和优点。建议个人作品档案记录由学生自己保管。

3. 学生自评

是学生对自己在学习中学习态度、策略和效果等方面的评价。这种评价，有助于学生明确影响学习的因素，逐步培养起评价、调控自己学习活动的习惯和能力。在指导学生评价的过程中，教师可清楚地了解学生的心理，并改进教学。

4. 小组评价

是学习小组运用一定的标准对其他人在学习中学习态度、策略和效果等方面的评价。这种评价，使学生能接触到不同的思维方式和观点，有助于学生逐步养成尊重、理解、欣赏他人的态度，拓宽自己的视野和胸怀，提高自己的认识。

除以上评价形式外，教师应从本地区与学生的实际出发，灵活运用并创造出多种合理的评价方法，并注意各种评价方法的整体组合和综合运用。

附：学生乡土美术课程学习评价设计模式

学生个人评价＝测验成绩（40％）＋成长档案袋成绩（60％）

其中测验成绩为自选代表作品成绩，成长档案袋包括学生个人平时作业成绩（30％）、教师观察成绩（20％）、主题活动成绩（10％）。

说明：评价模式中各部分的百分比，教师可根据本地区学生的具体特点而定。

四、课程资源的开发和利用

课程资源是指形成课程的要素来源及实施课程的必要而直接的条件，没有它就没有乡土课程。从乡土文化资源到美术课程需要有一个过程。开发广东乡土美术课程，需要强化课程资源开发意识，多方寻找有效开发课程资源的新路径，精选重点。这个过程主要靠调查、筛选地方文化资源和课程设计来实现。

对文化资源要进行全方位的调查和思考：①是否适合美术表现？②是否适合学生年龄的接受程度？③设想该资源在知识、技能、情意方面的教学目标。

课程资源开发的主体不仅包括学校和教师，也包括学生自身，要求学生根据学习需要，开发、利用一切可以利用的课程资源。在课程资源的开发与利用上应建立融合、开放、发展的课程资源观，有利于弥补学校课程资源的不足，有利于激发学生的求知欲，有利于学生的自主探究与社会实践，优化学习效果，更好地实现课程目标。

本课程具有独特的综合性、开放性、探究性和实践性，拥有丰富的人文教育课程资源。学生可通过文化机构、传播媒体、学校、社区、参观访问和网络等渠道获得。

（1）提倡广东乡土美术课程资源的开放性与多元化。

广东地区有着悠久的历史，都有着数量可观的蕴涵丰富人文景观和自然景观及美术馆、展览馆、博物馆、纪念馆、历史遗迹、遗址等，教师和学生应因地制宜地充分利用这些资源。此外，还应利用信息技术和网络技术的发展，为广东乡土美术的学习提供更加方便、快捷和丰富的信息来源。

广东乡土美术课程资源包括：

文本资源：图书（包括教材）、照片、报刊。建议教师和学生应有效地充分利用乡土特色的文本资源，以丰富自己的乡土社会人文知识，加深对广东乡土美术课程内容的进一步理解。

音像资源：录像、VCD、磁带、电影和电视节目、各类教育软件。建议教师和学生选取有关广东乡土美术内容的音像资源，从不同角度观察和感受家乡美术发展的基本概况，培养爱家乡的情感，树立对家乡的自豪感。

实物资源：当地人文景观和自然景观，美术馆、博物馆、图书馆（学校及社区）、阅览室、历史遗迹、遗址、纪念馆等。

人力资源：应充分发现和利用社区中丰富的人力资源，如当地的知名美术家、地方民间艺人等，他们能够在不同层面，从多种角度为学生提供丰富的地方美术素材。

（2）应将课程资源的开发、利用与学生社会探究和实践能力的培养相结合，与学生人文素养的形成相结合。

广东乡土美术课程强调从课程培养目标与教学目标的视角出发，根据需要选择课程资源，为学生的自主性学习、体验性学习、探究式学习和合作性学习创造条件。使学生对家乡有真实的体验、真挚的热爱；使学生在获得多种实践技能的基础上，懂得如何调查、如何收集资料、如何采访，懂得如何保护和开发利用家乡的人文景观和自然景观，如自然历史文物、遗迹和古迹等资源，懂得如何与他人团结合作、共同学习与进步。

（3）鼓励创造条件，积极开发和利用计算机与网络技术资源提高学习环境的质量，拓展本课程学习的空间。

（4）教育行政部门要鼓励和支持教师开发与充分利用当地有关乡土美术的课程资源，社会也应为本课程的教学给予支持和帮助。如地方行政部门和教育行政部门应鼓励学生参观当地的爱国主义教育基地、历史遗址、遗迹，并尽可能为学生提供免票或半票的优惠。

研究成果七

广东省小学一二年级英语课程纲要

（征求意见稿修订稿）

目　　录

第一部分　课程性质和基本理念

改革开放以来，广东经济的迅猛发展和社会对英语教育和外语人才的多向需求，刺激了广东中小学英语教育的快速发展，历届省委、省政府的重视和投入保障了广东中小学英语教育的超前发展，为目前构建英语地方课程打下了良好的基础。

《全日制义务教育　普通高级中学英语课程标准（实验稿）》（2001 年版）（简称《课程标准》）在设计思路中明确指出："各地区可以根据国家课程三级管理的有关规定，根据当地的条件和需要，适当调整相应学段英语课程的目标。……英语教育基础和条件较好的（如从 1 年级起就开设英语课程的地区和学校），在不加重学生负担的前提下，可以适当提高相应学段级别要求。"《义务教育英语课程标准（2011 年版）》进一步明确："考虑到我国地域辽阔、民族众多、经济和教育发展不平衡的实际情况，各地可根据师资条件、资源配置等情况，制定本地区的课程实施方案，确定小学开设英语的起始年级及小学和初中毕业时应达到的级别要求。"教育部在《关于积极推进小学开设英语课程的指导意见》（教基〔2001〕2 号）（简称《指导意见》）中要求："小学开设英语课程的起始年级一般为三年级。各省、自治区、直辖市教育行政部门可结合实际，确定本地区小学开设英语课程的工作目标和步骤。""有条件的地区可以超过二级的要求，有困难的地区经省级教育行政部门批准后可以适当降低要求。"《教育部关于印发〈义务教育课程设置实验方案〉的通知》（教基〔2001〕28 号）（简称《课程设置实验方案》）规定："省级教育行政部门可根据本省（自治区、直辖市）不同地区社会、经济、文化发展的实际情况，制定不同的课程计划；学年课时总数和周课时数应控制在国家所规定的范围内；根据教育部关于地方课程、学校课程管理与开发的指导意见，提出本省（自治区、直辖市）地方课程、学校课程管理与开发的具体要求，报教育部备案。"

国家课程标准和教育部的《指导意见》和《课程设置实验方案》为构建国家三级课程体系，发展地方课程提供了政策条件，留足了开发空间。为此，广东省教育厅在《中小学英语教育发展计划》（粤教基〔2001〕13 号）中要求："广东要构建具广东特色的中小学一条龙英语教材，以适应广东英语教育领先全国发展的需要。同时要求有条件的地区和学校可以在小学 1～2 年级开设英语课程，进行英语兴趣教育。"十年来，我省的广州、深圳、珠海、东莞、中山和佛山等市，以及其他市区大部分小学先后在 1～2 年级均已开设英语课程。

2010 年，《教育部关于深化基础教育课程改革　进一步推进素质教育的意见》（教基二〔2010〕3 号）中再次强调："在达到国家规定的基础教育基本质量要求的前提下，有条件的地区和学校可逐步提高地方课程和学校课程的设置比例。各地要因地制宜地做好地方课程和学校课程的规范管理和分类指导。"因此，全面落实基础教育课程方案、构建地方课程体系、规范管理、分类指导是深化基础教育课程改革的主要任务。本纲要正是依据上述文件精神和广东基础教育英语课程发展需要和现状制定的。

一、课程性质

广东省小学 1～2 年级英语是国家基础教育三级课程体系中的地方课程，是国家基础教育英语学科课程的有益补充，重点是兴趣和启蒙教育。它反映地方或社区发展的实际对学生素养发展的基本要求，满足课程完善、学生发展和社会进步的需求。各区域可以根据当地英语教育发展需要选择开设。

小学 1～2 年级英语课程的学习，既是学生通过英语学习和实践活动打下初步语音基础和形成基本的英语视、听、说、读、演、唱能力的过程，又是培养英语学习兴趣、开发思维、发展个性和提高人文素养，特别是培养英语基本素养的过程。

二、课程基本理念

（一）面向全体学生，关注学生的不同特点和个体差异

英语地方课程要面向全体，注重素质教育，特别是外语素养启蒙教育。要关注每一个学生的情感，激发他们学习英语的兴趣，鼓励他们自主、合作、探究，帮助他们建立英语学习的自信心，力图使每一个学生的语言潜能和智力都能得到开发。同时只有承认学生之间存在着兴趣爱好、能力结构和个性发展的差异，尊重个体，才能真正使全体学生都能得到发展，在英语学习起始阶段不让一个学生掉队。

（二）强调学习过程，重视语言学习的实践性和运用性

英语是一门实践课程。教学中，应采用适合儿童学习英语的方法和途径开展语言活动，让学生积极参与教学过程，在活动中感知、体验和运用英语。同时教学中要引导学生学会调控自己的情感态度和学习策略，形成积极的学习态度和良好的学习习惯，为促进语言实际运用能力的提高打好基础。

（三）注重过程评价，促进学生学习和发展

关注学习过程，注重结果的形成性。在教学过程中通过观察、活动记录、访谈/座谈和学生自评/互评等方式对学生的学习行为、学习能力、学习态度和合作精神等进行持续性和鼓励性的评价，并利用反馈信息及时调整教学，促进学生主动积极学习。鼓励采用档案袋方式记录和评价学生英语学习的过程和成果，只有同时关注过程和结果，才能真正促进学生发展。

三、纲要设计思路

本纲要将小学 1~2 年级英语课程目标按照国家课程标准设置的课程目标分情感、策略、文化、技能和知识五个方面描述，不设级别。该设计将遵循外语学习的基本规律，考虑 6~8 岁儿童身心发展的需要和特点，还考虑区域教育发展需求和实际，旨在突出地方课程的补充性、本土性的同时，体现其整体性、灵活性和开放性。

小学 1 ~ 2 年级英语课程不是强制开设的课程，是供有条件的地区和学校选择开设的。要求从 1 年级开始开设，到 2 年级结束时学生的英语水平应达到本纲要设定的地方课程目标要求的终结水平。地方课程目标不设等级体现了整体性。既有利于不同层次学校选择教材，指导教学，又为课程实施的灵活性和开放性提供了空间。

四、课程开设的条件要求

开设地方课程的学校必须具备如下的基本条件：

（一）课程结构合理

小学 1 ~ 2 年级英语课程适宜在小学 1 ~ 2 年级开设。选择开设的学校要注意与其他学科平衡，使开设的课程结构合理，有利于学生的未来发展。

（二）师资质量合格

教师必须语音基础好，发音准确，口语流利。了解外语学习过程，特别是启蒙阶段儿童外语学习心理和儿童外语学习的特征和潜能，掌握儿童外语教学方法，具有英语教育专业学历。

（三）教学条件具备

外语学习需要语言环境，语言环境的创设需要一定的设施设备辅助，如录音机、多媒体电脑、直观教具（如图片）等，学校需要具备最基本的设施设备条件才能开设本地方课程。

（四）学习负担适度

1 ~ 2 年级正是学生接受义务教育的起始阶段，同时也是有关学科学习的入门阶段，要注意学科平衡和负担适度。开设本课程重在培养英语学习兴趣，没有书面作业要求。因此，教师要严格按照地方课程目标内容和要求进行教学和实施评价，不能随意加重英语学习负担。

第二部分 课程目标

　　小学 1～2 年级英语课程总目标是：激发和培养学生对英语的好奇心和学习英语的兴趣，帮助学生树立自信心，养成良好的入门学习习惯，知道与人合作在英语学习中的重要性；让学生初步感受英语语言和文化，形成初步的语音、语调良好基础，引导学生乐于用英语进行简单的交流。开发学生观察、记忆、思维和想象力，为学生今后的英语学习和个人发展打下良好的基础。

　　具体的课程目标由情感态度、学习策略、文化意识、语言知识和语言技能组成，其能力目标描述如下：

一、情感态度

（1）有兴趣听故事、读歌谣、唱歌曲、做集体游戏等。

（2）乐于模仿，敢于开口，积极参与，愿意合作。

二、学习策略

（1）能集中注意力听录音或他人说英语，积极思考。

（2）能借助手势和表情进行交流活动。

（3）遇到问题能主动向老师和同学请教。

三、文化意识

（1）能懂得一些英语中称谓、问候和告别等的习俗。

（2）能懂得一些英语国家人们的饮食、衣着、家居等特点。

（3）能懂得英语国家一些最基本的礼仪，如打招呼、告别和致谢等。

四、语言技能

（一）听、做

（1）在图片、图像、身体语言的帮助下，能听懂简单的与自己生活相关的话语。

（2）在图片、图像、身体语言的帮助下，能听懂简单的小故事、英语歌谣和歌曲。

（3）能在相应的语境中听懂课堂教学的简单指令和要求，并做出适当的反应。

（4）能根据听到的词语指认图片或实物。

（二）说、唱、玩、演

（1）能根据录音模仿说英语，讲小故事，朗读歌谣。

（2）能学唱英文儿歌15～20首。

（3）能学唱简单的歌谣或朗诵简单的小诗15～20首。

（4）能用简单英语玩课堂游戏。

（5）能做简单的角色扮演。

（6）能相互进行简单交流，如问候、告别、致谢和致歉等。

五、语言知识

（1）能知道英语的发音、重音、停顿、节奏、语调等语音特点。

（2）能理解与自己生活相关的交际功能话语。

（3）能听懂和说出与自己生活和学习紧密相关的物品名称。

（4）能理解熟悉话题中的词语和句子。

第三部分　内容要求

根据小学英语地方课程的课程目标和能力要求，教学内容要贴近学生的生活和学习，并符合他们的认知能力。教学内容主要包括话题、功能用语、语音、词汇和语法等。教学中可以根据教学实际对其做出相应的调整和增删。

一、话题

小学英语地方课程的教材要求包括下列话题，并在下列八个话题范围内展示教学内容，教学中教师要帮助学生理解和表达如下话题的简单信息。

（1）个人情况（Personal information）。

（2）家庭、朋友与周围的人（Family，friends and people around）。

（3）日常活动（Daily routines）。

（4）学校生活（School life）。

（5）兴趣与爱好（Interests and hobbies）。

（6）饮食（Food and drink）。

（7）天气（Weather）和衣着（Clothing）。

（8）玩具和动物（Toys and animals）。

二、功能用语

功能用语是在特定交际环境下的基本用语，要求学生能听懂会说。

1. 问候（Greetings）

A. Hi!

Good morning/afternoon/evening.

How are you?

How are you doing?

B. Hi!

Hello!

Good morning/afternoon/evening.

I'm OK.

Fine. Thanks.

Very well, thank you.

2. 介绍（Introduction）

A. My name is Jim.

I'm a student.

I'm from England.

This is Mr/Mrs/Miss/Ms Brown.

B. Hello!

My name is Karl.

How do you do?

Nice/Glad/Pleased to meet (see) you.

3. 告别（Farewells）

A. Good－bye /Bye /Bye－bye.

Good night.

B. Good－bye /Bye /Bye－bye.

See you.

Good night.

4. 感谢（Thanks）

A. Thank you (very much).

Thanks a lot.

B. That's OK /all right.

5. 道歉（Apologies）

A. Sorry.

I'm sorry.

Excuse me, please.

Pardon?

I'm sorry I am late.

B. That's OK.

It's all right.

Never mind.

6. 邀请（Invitation）

A. Would you play with us?

B. ① OK.

That's great.

② No, thank you.

7. 祝愿和祝贺（Expressing wishes and congratulations）

A. Have a good day /time!

Good luck!

Best wishes to you.

Happy New Year!

Merry Christmas!

Happy birthday!

Well done!

B. Thank you.

You, too.

The same to you.

8. 就餐（Having meals）

A. Would you like a drink /some food?

What would you like (to have)?

Would you like some more fish?

B. ① Yes, I'd like a drink.

I'd like rice and chicken.

Yes, please.

② No, thank you.

No, I'd like some beef.

9. 建议（Suggestions）

Let's go.

Let's have a look.

10. 同意和不同意（Agreement and disagreement）

① OK.

Sure.

No problem.

A good idea.

② No way.

11. 喜欢和不喜欢（Likes and dislikes）

This book is very interesting.

I like / love the song（very much）.

I don't like the game.

12. 能够和不能够（Ability and inability）

He can ride a bike.

He is good at football.

He can't swim.

13. 表扬和鼓励（Praise and encouragement）

A. Very good!

Well done!

Wonderful!

Come on!

You can do it!

B. Thank you.

OK. I'll try it again.

14. 高兴（Happiness）

How wonderful / nice!

That's lovely / great / wonderful!

I'm so happy.

15. 惊奇（Surprise）

Really?

Oh dear!

How nice to see you!

16. 满意（Satisfaction）

Good!

Well done!

Perfect！

That's fine.

That's better.

17. 遗憾（Regret）

I'm so sorry！

That's too bad！

18. 颜色（Color）

A. What color is the bag?

Is it green?

B. It's green/ red / blue / yellow / black / white / orange /purple.

Yes，it is.

三、语音

语音知识不需要给学生讲解，可以通过朗读单词、句子、对话、歌谣，以及讲故事，唱歌曲，玩游戏等活动，让学生去体验和感受，并自然形成初步语感和语音基础。

四、词汇

以下是话题核心词汇，教学中只要求学生能听懂会说，并可以根据实际需要在 150～250 总词汇量中增减。

name, school, grade, class, lesson, Chinese, English, book, music, sport, game, /student, teacher, family, friend, people, grandpa, grandma, mother, father, brother, sister, aunt, uncle, son, daughter, /home, room, door, window, bedroom, kitchen, living room, bathroom, table, chair, desk, bed, TV, computer, /play, go, dress, brush, wash, eat, read, write, listen, say, sing, dance, act, do, run, walk, swim, draw, stop, ride, sit, stand, /teeth, face, ear, eye, hand, head, leg, foot, /playground, classroom, office, library, washroom, picture, pen, pencil, schoolbag/green, red, blue, yellow, black, white, orange, purple, /glad, happy, nice, good, smile,

laugh, sad, cry, shout, /breakfast, lunch, supper, food, beef, chick-
en, fish, vegetable, rice, bread, noodles, cake, soup, drink, milk,
water, juice, coke, hamburger, chips, ice – cream,apple, banana, pear, /
sunny, cloudy, windy, rainy, hot, warm, cold, cool, coat, hat,
shirt, skirt, shorts, shoes, /car, train, boat, plane, bus, bike,
horse, toy, ball, hide and seek, seesaw, yoyo, left, right, /cat, dog,
pig, duck, rabbit, bird, monkey, tiger, lion, elephant, /number,
one – twenty, /day, Sunday – Saturday/.

五、语法

含有语法项目的词语和句子，只要求教师引导学生通过语境理解其词义和句义，不作学习要求。

第四部分　实施建议

一、课时安排建议

根据 2001 年教育部印发的《义务教育课程设置实验方案》，本课程将在地方课程的课时中安排每周 80 分钟教学时间，有条件的学校可通过长短课结合（一长两短课时，或四个短课时，或两个长课时）和开展课外英语实践活动等方式增加学习频率，提高语言再现率。

二、教学建议

（一）依据本纲要目标要求，选用教材并设计教学

学校选用的教材必须是已列入广东省教育厅地方课程教学用书目录上的教材。教师在依据本纲要同时，应该更多地考虑学生的年龄特点和外语学习潜能去选用教材。故事、游戏、歌曲、歌谣都是儿童喜

好的学习材料和方式，教师可以多考虑采用和整合这些教材，使整合后的教学内容有利于学生在玩中学、在做中用，更有利于激发学生学习兴趣，更有利于学生通过活动、体验、合作的方式去感悟、理解和运用语言。此外，设计教学要树立以人为本的思想，教学设计力求满足不同类型和不同层次学生的需求，使每一位学生能学有所得，得到发展。

（二）了解少儿英语学习特点，采用恰当有效的教学策略

少儿学习语言具有与成人不同的特点和潜能，要善于诱导，发挥他们学习语言的最大潜能。包括：

（1）意义先于形式。他们总是先理解意思后注意语言形式，要在贴近他们生活实际的、有意义的情境中引导他们学习语言。

（2）具有丰富的想象力。他们善于利用自己的想象力学习和使用语言，所以要给他们提供可以想象的情境或空间进行语言学习。

（3）能玩中学玩中用。他们经常会在玩中无意识地学到语言，并自动地去使用，所以要组织各种活动让他们学习和使用语言。

（4）能模仿使用能理解语言。他们会从有意义的上下文中，模仿和使用不断重复的、他们感兴趣并理解的语言，所以要提供相对完整的语境进行教学。

（5）能创造性使用语言。他们还具有创造性地使用语言的潜能，所以要给他们更多使用语言的机会。

老师只有更多地了解自己的教学对象，才能利用好他们的语言学习潜能，才能真正做到引起和保持学生对英语学习的兴趣。在此基础上，依据课程的总体目标并结合教学实际，创造性地设置各种贴近学生生活实际的、与语言学习紧密相关的教学活动，才能提高学生的学习效率。

（三）创设良好的教学环境，营造浓厚的语言学习氛围

英语教学要尽可能地让学生通过视、听、读等多种渠道多接触英语。课堂上教师尽量使用英语组织教学。课室和校园是学生学习和活动的主要场所。由于学生的年龄特点决定他们对学习环境特别的敏感，如果我们在课室恰当的地方展示与他们语言学习有关的语言信息、图片、学生的作品、实物、图表等，就会极大地激发他们对与之相关的学习内容的兴趣。建议教师在教室一角放个书架，设个图书角，摆上各类适合学生水平的图书画册，供学生课余自主选择翻阅。此外，校园的路标，或指示牌、简介、通知牌、黑板报等可以使用中英文双语标示，这有利于学生学以致用。

（四）开展课外语言实践活动，让学生体验学习成就感

良好的语言环境还应给学生提供形式多样的语言实践机会。教师要根据学生的年龄特点和兴趣爱好，想办法组织学生开展各种课外语言实践活动，这有助于学生验证自己的学习结果，展示自己的才能，还能在活动和交流中增长知识、开阔眼界、发展智力、完善个性，从而提高人文素养，促进学生英语学习。语言实践活动形式主要有：朗诵、唱歌、讲故事、表演、英语墙报和图片展览等。只有通过大量的语言实践活动，学生的综合语言运用能力才能得到培养和发展。

（五）开发与利用课程资源，提高儿童英语学习成效

儿童的学习潜能和心理生理特点决定他们对英语学习的资源要求更丰富多样，更生动直观。因此，一方面要用好教科书，特别是教科书中的色彩、插图和表格等非语言的部分，要利用好学生和教师版的配套光盘，发挥好其多媒体的功能，帮助学生打好语音基础，并利用光盘给学生提供自主学习的空间和条件；另一方面，教师也可以根据教学需要，开发和融合更多的课程资源，包括：制作教具图片、利用儿童英语电视节目、网络资源，制作课件等，帮助学生过好入门关，提高英语学习成效。

（六）加强地方课程实施的科学研究，总结推广先进经验

地方课程的构建和实施在广东是新尝试，需要在实践中进行科学研究。地方课程具有补充性，主要反映地方或社区发展的实际对学生素养发展的基本要求。地方课程目标的制定需要根据地方或社区的现实和要求，与社会生活相结合。地方课程的实施也需要考虑当地学校的条件和学生的需要。因此，各地市要有计划地建立若干"示范

班"、"示范校"和"示范区"，在实践中对地方课程进行验证研究和创新研究；各级教研部门要组织教师申报课题，开展地方课程教学研究；要给教师提供平台，学习、交流和推广先进经验，不断完善和发展地方课程。

三、评价建议

（一）评价目的

教学评价的内容必须反映课程目标，教学评价的方式应该适合1~2年级的学生。因此，小学1~2年英语教学评价的主要目的是激励学生的学习兴趣和积极性。

（二）评价内容

评价形式应具有多样性和可选择性。评价应以形成性评价为主，以学生平时参与各种英语教学活动所表现的兴趣、态度和交流能力为主要依据。形成性评价与课程教学相结合，重在鼓励，同时要及时按需要给予纠正和指导，促进教学改进。

（三）评价方式

学期考试不采用笔试，不考阅读和写，主张面试，考核听、说、演、唱、做的能力，如唱歌、朗诵儿歌、角色扮演、讲故事、简单交流等。要求以等级纪录成绩，不排名次。

四、教材编写和教学资源利用

教学资源的主体是教材。小学1~2年级英语地方课程的核心是以人为本，重点是兴趣教育，不是简单地将国家小学英语课程的教学内容下放，要反映地方课程目标和内容要求。因此，小学1~2年级英语教材应符合儿童的认知特点，有利于培养学生的学习兴趣与语感，有利于学生了解英语国家的文化、习俗，培养学生对异国文化的正确态度。教材还应有利于培养学生用英语进行交流和做事情的能力，提高学生的思维能力和认识世界的能力。

（一）教材编写的要求

编写教材应遵循了以下原则。

1. 科学性原则

教材的编写能依据语言学习的客观规律，充分体现低年龄段语言水平学生的学习特点和学习需要。教学内容和教学要求能体现循序渐进的原则，应该由易到难、从简单到复杂逐步过渡。特别重视语音基础和听、说能力的培养，在教学内容和要求等方面有所侧重。

教材在内容、目标和要求等方面应该有完整的体系。语言技能、语言知识、情感态度、学习策略、跨文化交际意识等内容和目标要相互结合、相互渗透、相互支持，体现语言的工具性和人文性的统一。语言学习对语言材料的再现率有较高的要求，因此，教材的编写应该保证重要语言现象有足够的再现率。教材应尽可能选择真实、地道和典型的语言素材。

2. 趣味性原则

教材不仅要符合学生的知识水平、认知水平和心理发展水平，还要尽可能通过提供趣味性较强的内容和活动，激发学生的学习兴趣和学习动机。为此，教材应紧密联系学生的实际生活，提供具有时代气息的语言材料，设置尽量真实的语言运用情景，组织具有交际意义的语言实践活动。教材内容的选择和安排应充分考虑低年级学生的兴趣、爱好、愿望等学习需求和心理需求。

3. 发展性原则

教材的内容和活动形式有利于学生的全面发展和长远发展。学生应该能够通过学习和使用教材获得独立学习和自主学习的能力，从而为终身学习创造条件。为此，教材应该尽可能采用探究式、发现式的学习方式，促使学生拓展思维、开阔视野、培养创新精神和实践能力。教材内容的编排方式要有利于学生自己进行归纳总结、举一反三，并有利于他们在语言运用中发现语言规律。

4. 开发放性原则

教材内容、教学活动和教学方法应具有较大的灵活性和开放性。在不违背科学性原则的前提下，教材应该具有一定的弹性和伸缩性，允许使用者根据自己的实际需要，对教材内容进行适当的取舍和补充。教材除了包含地方课程目标内容规定要求掌握的内容以外，还应该提供一定量的额外内容，供有能力的学生选择学习。

（二）教学资源的利用

教学资源除了教材的配套系列教科书、教师用书、练习册、活动册、挂图、卡片、音像带、多媒体光盘、配套读物等外，教师还应该积极利用其他课程资源，特别是各种形式的网络资源、动画节目、录音、录像资料、直观教具和实物、多媒体光盘资料等等，但要重视质量，控制数量，避免额外增加学生学业负担，使教学资源的利用真正服务教学，提高教学成效。

五、师资配备建议

地方课程是国家课程的补充，实施地方课程的前提必须要有合格的教师队伍和适合的教学条件。同时由于英语地方课程是从小学一年级开始开设，这时的英语教师就是学生的第一位启蒙教师，因此，教师应具有专业学历、口语标准、懂得儿童心理和儿童英语教学法。不鼓励教师转岗教英语。要创造条件吸引优秀小学英语教师担当启蒙教学工作。工作量要恰当。

要重视地方课程英语教师的学习、进修和培训，要提供条件和平台，培养和形成一批骨干教师，发挥他们示范和引领作用。

附录一

广 东 省 教 育 厅

粤教教研函〔2011〕5 号

关于征求《广东省基础教育地方课程建设指导意见（征求意见稿）》意见的通知

各地级以上市及顺德区教育局：

　　为了贯彻落实国家和省《中长期教育改革和发展规划纲要（2010—2020 年）》、教育部《关于深化基础教育课程改革进一步推进素质教育的意见》（教基二〔2010〕3 号）、教育部《基础教育课程改革纲要（试行）》（教基〔2001〕17 号），完善我省基础教育地方课程，促进国家、地方、学校三级课程体系的形成和完善，全面推进素质教育，我们组织研制了《广东省基础教育地方课程建设指导意见（征求意见稿）》（见附件），请组织对基础教育课程有较深入了解、研究的教育行政人员、教研员、中小学校长、教导主任、中小学教师组成研读组认真研读，并提出修改意见和建议，修改意见和建议文本请 2011 年 3 月 30 日前寄至我厅教研室（地址：广州市广卫路 14 号，邮编：510035），同时请将电子稿发至邮箱：wantha2002@126.com。

联系人：李文郁，电话：020-83339439、13609024790

要志东，电话：020-83321560、13660510977

附件：广东省基础教育地方课程建设指导意见(征求意见稿)

二〇一一年三月十日

广东省教育厅办公室　依申请公开　2011 年 3 月 10 日印发

附录二

年度	
编号	

广东省中小学教学研究"十一五"规划课题
申请评审书

学科分类：_____课程、综合_____

课题名称：__广东省地方课程建设研究__

申　请　人：_____李文郁_____

所在单位：__广东省教育厅教研室__

申报日期：____2006 年 3 月 20 日____

广东省教育厅教研室制

二〇〇六年二月

填 写 说 明

1. 封面上方2个代码框申请人不填，其他栏目由申请人用中文填写。

2. 本表分 A、B 两表，B 表为活页，不得出现申请者名字或有申请者背景的材料，否则作废。

3. 本表用计算机或钢笔认真、如实填写。

4. 本表按规定时间一式 5 份（1 份原件，其他可复印）报送至广东省中小学教学研究"十一五"规划课题评审委员会，地址：广州市广卫路 14 号，邮编：510035，联系人：广东省教育厅教研室科研与课程科李英，联系电话：020－83332773。

A 表

一、基本情况

课题名称			广东省地方课程建设研究			
学科分类			课程、综合			
负责人姓名	李文郁	性别		民族		出生年月
行政职务	副主任	专业技术职务	编审	研究专长		课程教材教学研究
最后学历		研究生		最后学位		教育学硕士
工作单位		广东省教育厅教研室	联系电话	(办) (宅) (手机)		
通讯地址		广州市广卫路 14 号	邮政编码		510035	
			电子信箱			
身份证号码						

	姓名	年龄	职称/职务	学位	研究专长	分工情况	工作单位
主要参加者	魏恤民	42	高级教师	硕士	中学历史课程、教材、教学研究	乡土历史纲要研制	省教研室
	周顺彬	53	高级教师	本科	中学地理课程、教材、教学研究	乡土地理纲要研制	省教研室
	伍向平	46	高级教师	本科	中小学音乐课程、教材、教学研究	乡土音乐纲要研制	省教研室
	周风甫	45	副教授	硕士	中小学美术课程、教材、教学研究	乡土美术纲要研制	省教研室
	要志东	36	高级教师	硕士	中小学信息技术课程教材教学研究	义务教育信息技术课程标准研制	省教研室
	黄志红	42	高级教师	硕士	中小学英语课程、教材、教学研究	小学低年级英语课程纲要研制	省教研室
	黄志红	32	副编审	硕士	课程理论和综合实践活动课程研究	综合实践活动课程指导研究	省教研室
预期最终成果	A、D			A. 专著 B. 译著 C. 论文 D. 研究报告 E. 工具书 F. 电脑软件 G. 教材			
申请经费			6 万元	预计完成时间		2007 年 6 月 30 日	

二、推荐人意见

不具有副高以上专业技术职务的申请人，须由两名具有副高以上专业技术职务的专家从"专业水平"、"科研能力"、"组织能力"等方面填写推荐意见。

推荐人姓名		专业技术职务		研究专长		工作单位		推荐人主持过的课题名称与级别	

推荐意见：

推荐人签名：　　年　月　日

推荐人姓名		专业技术职务		研究专长		工作单位		推荐人主持过的课题名称与级别	

推荐意见：

推荐人签名：　　年　月　日

三、审核意见

<table>
<tr><td>

1. 课题主持人所在单位意见

　　　　　　单位盖章　　　　负责人（签字）：
　　　　　　　　　　　　　　年　　月　　日

</td></tr>
<tr><td>

2. 地级市或主管单位教育科研管理部门审核意见

　　　　　　单位盖章　　　　负责人（签字）：
　　　　　　　　　　　　　　年　　月　　日

</td></tr>
<tr><td>

3. 广东省中小学教学研究"十一五"规划课题评审委员会意见

　　　　　　　　　　　　　　负责人（签字）：
　　　　　　　　　　　　　　年　　月　　日

</td></tr>
</table>

B 表

项目类别：课程、综合

课题名称：广东省地方课程建设研究

课题设计论证

1. 选题：本课题国内外研究现状述评，提出选题的背景及意义。2. 内容：本课题研究的基本思路和方法，研究内容（指待研究主要问题的具体化）。3. 预期价值：本课题理论创新程度或实际应用价值。课题设计论证限3000字以内。

1. 选题

地方课程是基础教育课程体系的重要组成部分。

我国的地方课程发展相对滞后，对其的研究工作开展也相应较迟，起步较晚。但从近年来的研究现状看，地方课程的研究已逐渐成为我国不少教育理论工作者关注的话题，研究工作发展较快，短短几年中，已有数十篇此类研究论文发表，形成了一定的研究规模。从研究内容特色上看，研究者均借鉴了国外同类研究成果，同时立足中国本土，紧扣地方特色。这不仅推动了现阶段地方课程的实验发展，而且为我国地方课程理论的进一步完善提供了丰富的材料。

一些省依据国家的课程政策，加紧了地方课程的研究和实施，相应出台了一些政策文件和发布了一些研究成果。近几年出台的文件有江苏省中小学地方课程建设指导意见、浙江省基础教育地方课程建设指导意见、浙江省基础教育地方课程（通用内容）标准（试行）、山东省义务教育地方课程和学校课程实施纲要、辽宁省义务教育地方课程改革方案（试行）、湖北省义务教育地方课程实施意见、河南省地方课程课程标准等。

我省进行这方面的研究是从编写地方教材的实际需要出发进行的，编写的地方教材获得过教育部的表彰，在全国曾经产生一定的影响力，但我省进行这方面的理论研究较少，更缺少系统研究和方法指导，因此我省在地方教材建设方面尽管在全国较为领先，但后劲不足，质量参差不齐，没有系统性，规范化不够，因此很有必要进行地方课程的理论与实践研究，以提高我省地方课程建设的质量和水平。

国外对地方课程的研究较早。美国是地方课程开发最早的国家之一，早在 16 世纪，美国就有了移民自办教育的传统，各个宗主国的办学模式和教育思想就在这块新大陆上扎了根。它决定了美国学校课程从一开始就具有多元化的特征，即课程管理和实施两方面的高度分散和多样性。各州、各学区、各学校一般根据自己认同的观点，确定课程标准，编制具体课程。

苏联解体后，俄罗斯根据实际情况对旧教育体制进行了一定程度的改革。其中，课程改革尤为突出。1992 年 7 月颁布的《俄罗斯联邦教育法》规定，地方教育行政当局和学校在设置课程时，既要有统一的符合世界潮流的标准，又要从自己的实际出发。

1993 年，俄罗斯制订了基础教学计划，给地方和学校以较大的课程决策权；推出了《普通教育学校基础教学计划》，规定地方和学校管理课程的时间占总课时量的 25%～30%，其中照顾地区、民族文化特点、儿童兴趣等的地方和学校课程部分，在高中阶段更是达到了 47% 之多。

加拿大的《地方课程开发指南》指出，学校教育局可以开发两种地方课程：必修学分课程和选修学分课程。必修学分课程为学校教育局可以在英语、数学或科学这三种课程中各开发一门地方学分课程，以满足该学科必修学分的要求，而选修学分课程为学校教育局可以在任何学科领域开发地方全学分或部分学分的选修学分课程。

日本在 1998 年公布的中小学课程方案中增设了一门新课程——综合学习。所谓"综合学习"，不是一门课程的名称，也没有既定的课程内容，它只是让各地根据自己的实际情况，开设一门让学生进行"综合学习"的课程。根据新的课程方案，学校在设置这门课程时，要发挥自己的自主权，让学生根据自己的兴趣、特长等，自主选择学习内容。

进行地方课程建设研究，是构建我省基础教育课程体系的重要内容，对指导我省各地进行地方课程和校本课程建设具有重要意义。

2. 内容

从我省亟待解决的几方面的地方课程实施指导入手，组织我省这几方面的权威专家和教师进行地方课程建设的理论和实践研究，既有分专题的研究，又有综合的研究，并从我省各地研究开发的众多的地方课程教材案例分析入手，归纳总结出地方课程建设的目的、原则、内容、方法、要求等。拟采用文本分析法、案例分析法、问卷调查法、实地调查法、实验法等研究方法，设立一定数量的实验校进行实验。

待研究的主要问题：

广东省地方课程建设的理论和实践研究；

广东省乡土历史课程纲要研究；

广东省乡土地理课程纲要研究；

广东省乡土音乐课程纲要研究；

广东省乡土美术课程纲要研究；

广东省义务教育信息技术课程纲要研究；

广东省小学低年级英语课程纲要研究；

广东省中小学综合实践活动实施研究。

3. 预期价值

（1）乡土历史、乡土地理、乡土音乐、乡土美术分别是国家义务教育历史课程标准、地理课程标准、音乐课程标准、美术课程标准的重要组成部分，有课时要求，是义务教育阶段规定学生要完成的任务，但具体教学内容和要求没有明确规定。因此，研制广东省乡土历史、乡土地理、乡土音乐、乡土美术课程纲要非常重要，既是国家课程标准在乡土历史、乡土地理、乡土音乐、乡土美术方面的补充，是全面落实国家课程标准的重要举措，也是规范我省乡土历史、乡土地理、乡土音乐、乡土美术方面教学的需要和保障措施，对我省中小学历史、地理、音乐、美术方面的教学显然具有重要价值。

（2）国家把普通高中信息技术作为一个科目来设置，而把义务教育阶段的信息技术放在综合实践活动课程中。我省为了提高信息技术的教学水平，体现基础教育的教育特色，把义务教育阶段的信息技术作为一个科目设置，但教学内容和要求却是参照教育部2000年发的中小学信息技术课程指导纲要。显然这一纲要已经过时，无论是理念上还是目标、内容要求和保障条件上都与现行的《普通高中信息技术课程》标准不衔接。因此，制定一个与普通高中信息技术课程标准相衔接的、能满足和体现广东省义务教育阶段教学需要的广东省义务教育信息技术课程标准（或纲要）显得非常必要，对引导和提高我省中小学信息技术教学质量和水平具有重要价值。

（3）小学1~2年级英语课程的构建：一方面是为了全面落实基础教育课程方案，体现英语课程标准对英语课程开设的起始年级和小学、初中毕业时的等级的弹性要求，满足英语课程发展的需要，推进地方课程体系的构建；另一方面，课程改革以来，我省的广州、深圳、珠海、东莞、中山和佛山等市，以及其他一些市区大部分小学先后在1~2年级均已开设英语课程，地方课程纲要的研制有利于课程的分类指导和规范管理，有利于形成中小学英语教学一条龙体系和教学衔接，提高教学实效。

（4）综合实践活动是国家基础教育的一门课程，在国家基础教育课程改革纲要中有一定的目的要求，但到目前为止教育行政部门仍没有一个具体的综合实践活动课程指导纲要，尽管在教师通识培训时有专家讲座，但地方和学校在实施过程中随意性很大，实施效果不够理想。因此研制广东省中小学综合实践活动实施指南对贯彻实施这门课程，切实提高我省中小学生的创新精神和实践能力显然很有价值。

地方课程是一个开放性的课程，本课题所列的研究内容虽然不完全且也不可能完全，但其研究方法是可以迁移的，将对我省这方面的研究和发展产生长远的影响。

广东省地方课程建设是构建广东省基础教育课程体系的重要组成部分，该课题对广东省基础教育课程体系建设起着重要的作用。

完成项目的可行性

负责人和主要成员曾完成哪些重要研究课题，已发表哪些相关成果，相关成果的评价情况（引用、转载、获奖及被采纳情况）；已收集哪些相关资料；完成本课题研究的时间保证、资料设备等科研条件。

负责人曾组织和参与了广东省及部分市县的乡土历史、乡土地理、乡土音乐、乡土美术等乡土教材的编写工作；主持了新课程普通高中信息技术课程标准实验教科书的编写工作，该套教科书一共6本全部一次获得教育部审查通过，目前在全国范围使用状况良好；主持了广东省义务教育信息技术、中学综合实践活动教材的编写工作，这两套教材全部通过了省教育厅的审查，且专家反映质量较高；近几年主编或参与编写出版的教材有一百多本；参与了教学资源、网络课程资源的研制工作；负责科研与课程方面的管理工作，对课程有一定的研究，对地方课程较为熟悉，主持的省教育厅科研课题有：普通高中信息技术课程改革研究、教材与课程资源研究；参与的省教育厅科研课题有：普通高中课程改革管理研究、普通高中新课程实施研究；参与的教育部科研课题有：基础教育教材发展机制研究。这些课题的成果许多已出版或发表。

该课题的主要成员均分别是历史、地理、音乐、美术、信息技术、英语、综合实践活动、科研与课程方面权威的教研员，长期进行相应学科的教学研究和教材编写工作，出版了一批相应学科的教材，这些教材均通过了教育部或省教育厅的审查，而且使用效果良好；这些主要课题成员对相关方面的科研和课程也有较深入的研究，发表了不少相关学科或课程方面的论文。尤其重要的是，每个相关学科的教研员在研究本学科的地方课程教材的过程中均组织了一批专家队伍，学术力量较为强大。

本课题涉及的广东省地方课程建设研究、乡土历史课程纲要研究、乡土地理课程纲要研究、乡土音乐课程纲要研究、乡土美术课程纲要研究、义务教育信息技术课程标准研究、中小学综合实践活动实施研究等实际上早已陆续启动，均已收集了大量的相关材料，也已联系了一定数量的实验学校，且参与课题研究的人员有足够的时间保障，能保证完成课题研究任务。

研究工作进度和预期研究成果

	序号	研究阶段（起止时间）	阶 段 成 果 名 称	成果形式
主要阶段性成果	1	2006 年 1 月至 2006 年 12 月	广东省乡土历史课程纲要 广东省乡土地理课程纲要	文本
	2	2006 年 1 月至 2006 年 12 月	广东省乡土音乐课程纲要 广东省乡土美术课程纲要	文本
	3	2006 年 1 月至 2006 年 12 月	广东省义务教育信息技术课程标准	文本
	4	2006 年 1 月至 2006 年 12 月	广东省小学低年级英语课程纲要	文本
	5	2006 年 1 月至 2006 年 12 月	广东省中小学综合实践活动实施指南	文本
	6	2007 年 1 月至 2007 年 6 月	广东省地方课程建设研究报告	文本

	完成时间	最 终 成 果 名 称	成果形式	预计字数
最终成果	2007 年 8 月	广东省地方课程建设研究报告	书籍	20 万字

经 费 预 算

序号	经费开支科目	金额/元	序号	经费开支科目	金额/元
1	资料费	12000	5	咨询费	16000
2	调研差旅费	8000	6	印刷费	12000
3	小型会议费	12000	7	其他	
4	计算机及其辅助设备购置和使用费	无	8	管理费	
合计					60000 元
年度预算	2006 年	2007 年	200　年	200　年	200　年
	32000 元	28000 元			

附录三

广 东 省 教 育 厅

广东省中小学教学研究"十一五"规划课题
立 项 通 知 书

李文郁同志:

现委托你承担广东省中小学教学研究"十一五"规划课题: 广东省地方课程建设研究。

课题编号: J06 - 109

资助经费: 5000 元

联系单位: 广东省教育厅教研室

二○○六年五月二十二日

附录四

课题编号
J06—109

广东省中小学教学研究"十一五"规划课题
结题申请书

课　题　名　称：<u>广东省基础教育地方课程建设研究</u>

课　题　主　持　人：<u>　　　　李文郁　　　　</u>

主持人所在单位：<u>　　广东省教育厅教研室　　</u>

广东省教育厅制

填表时间：2010 年 6 月 30 日

课题名称	广东省基础教育地方课程建设研究					
课题主持人	李文郁		工作单位		广东省教育厅教研室	
联系地址	广州市广卫路14号		邮编	510035	电话	手机 办 家
原定研究起止时间	2006年4月至 2009年4月		原定研究成果形式		研究报告、地方课程纲要、地方课程建设指导意见	
实际完成时间	2010.6		申请成果鉴定时间		2010.7	
申请成果鉴定方式	通讯鉴定（ 　　 ）			会议鉴定（ √ ）		

主要研究人员姓名	单　位	职务、职称	课题研究中所承担的工作
李文郁	广东省教育厅教研室	副主任、编审	课题总负责人，参与义务教育信息技术课程研究
要志东	广东省教育厅教研室	编审	负责义务教育信息技术课程研究
魏恤民	广东省教育厅教研室	中学高级教师	负责乡土历史课程研究
周顺彬	广东省教育厅教研室	编审	负责乡土地理课程研究
伍向平	广东省教育厅教研室	中学高级教师	负责乡土音乐课程研究
周凤甫	广东省教育厅教研室	副研究员	负责乡土美术课程研究
黄志红	广东省教育厅教研室	中学正高级教师	负责小学英语课程研究

重要阶段性研究成果

成果名称	作者	形式	字数	完成年月	出版单位或发表刊物名称、刊号	获奖、转载、引用、应用情况
广东历史	魏恤民等	教科书	约20万	2009.6	广东地图出版社	供全省初中学生使用
广东地理	周顺彬等	教科书	约20万	2009.6	广东地图出版社	供全省初中学生使用
广东乡土音乐	伍向平等	教科书	约20万	2009.12	广东科技出版社	拟在部分地区实验，然后推广
岭南民间美术	周凤甫等	教科书	约20万	2009.12	广东科技出版社	拟在部分地区实验，然后推广
信息技术（4~6年级）	李文郁 要志东	教科书	约60万	2009.12	广东教育出版社	供全省小学4~6年级学生使用
信息技术（7~9年级）	李文郁 要志东	教科书	约90万	2008.6	广东高等教育出版社	供全省初中学生使用
儿童英语	黄志红等	教科书	约40万	2009.12	广东人民出版社	供全省小学低年级学生选用

课题终期研究成果名称、内容、理论价值、应用价值等	1.《广东省基础教育地方课程建设指导意见》 本指导意见是为了贯彻落实教育部《基础教育课程改革纲要（试行）》（教基〔2001〕17号），建立和完善我省中小学课程的结构体系，促进国家、地方、学校三级课程管理体系的形成，全面推进素质教育而制定的。主要内容包括地方课程建设指导思想、建设目标、基本原则、主要内容、开发与管理、实施与评价等。本指导意见思路清晰、目标明确、内容全面、有实践基础，对指导我省中小学地方课程建设工作有重要作用。 2.《广东省义务教育信息技术课程纲要》和义务教育《信息技术》教材 本课程纲要体现新课程的基本理念，提出了我省义务教育阶段信息技术的教学目标、内容要求和实施意见，力求与普通高中信息技术课程标准相衔接，以形成我省中小学信息技术课程的完整体系，彰显我省中小学信息技术教育特色。主要内容包括课程性质和基本理念、课程目标、内容要求、实施建议等。本课程纲要体系完整、目标明确、内容翔实、要求适当、实施建议可行，对规范我省中小学信息技术教学工作，提高教学质量和水平具有重要作用。 义务教育《信息技术》教材是依据本课程纲要编写的，体现了先进的教育教学思想，以激发学生的学习兴趣、满足学生的学习需要、方便学生学习和教师教学为基本原则，以提升学生的信息素养和解决学生学习生活中的实际问题为基本任务。这套教材深受广大师生欢迎。 3.《广东省乡土历史课程纲要》和《广东历史》教材 本课程纲要根据历史学科和历史教学的特点，全面发挥历史教育的功能，尊重历史，追求真实，吸收广东先民所创造的优秀文明成果，加深学生对家乡、对社会的认识，增强学生的社会责任感，培养学生热爱广东、热爱家乡的真挚情感，弘扬爱国主义精神，陶冶关爱人类的情操；使学生能够增强历史意识，汲取历史智慧，开阔视野，了解广东历史发展概况，进而理解和把握中国、世界的发展大势，增强历史洞察力和历史使命感。主要内容包括课程性质和基本理念、课程目标、内容要求、实施建议等。本课程纲要理念先进、目标要求清晰明确、内容选择精当、实施建议可操作性强，有利于提高我省乡土历史教学的实效性、针对性。

课题终期研究成果名称、内容、理论价值、应用价值等	《广东历史》教材按照《广东省乡土历史课程纲要》要求编写。坚持以马克思主义、毛泽东思想、邓小平理论和"三个代表"重要思想为指导，落实科学发展观和《中共中央　国务院关于进一步加强和改进未成年人思想道德建设的若干意见》（中发〔2004〕8 号）文件要求，坚持以人为本，贴近实际、贴近生活、贴近学生，引导学生将广东历史文化与祖国历史文化、人类社会历史结合起来学习，在历史文化的熏陶下，理解人生的价值和意义，逐渐形成正确的世界观、人生观和价值观；坚持以辩证唯物主义和历史唯物主义为指导，客观地分析在广东发生的历史事件、历史人物和历史现象，引领学生获得学习广东历史的基本知识和技能，初步了解广东社会历史发展的基本过程，协同国家历史课程，引导学生将认识家乡与认识国情统一起来，将爱乡、爱国情感统一起来，继承和发扬中华民族的优秀文化传统，树立民族自尊心、自信心和自豪感。这本教材在全省初中使用，师生反映效果良好。 4.《广东省乡土地理课程纲要》和《广东地理》教材 本课程纲要是根据国家《义务教育地理课程标准（实验稿）》要求制定的。从有利于学生的全面发展和终身学习出发，构建体现现代教育理念、反映地理科学发展、适应社会生产生活需要的乡土地理课程，补充和拓展地理课程标准所规定的课程内容，进一步培养和提高学生学习地球科学知识、认识人类活动与地理环境的关系，进一步掌握地理学习和地理研究方法，树立可持续发展观念，以帮助学生认识学校所在地区的生活环境，引导学生学以致用，培养学生实践能力，增强爱国、爱家乡的情感。 《广东地理》教材是用地理学研究的特点——综合性和区域性原理阐述广东地区人口、资源、环境和发展等问题，通过研究乡土地理各种自然要素（地形、气候、水体、动植物、土壤等）、人文要素（农业、工业、交通、商贸、人口等）的空间组成、特征及其相互联系，揭示地理环境以及人类活动与地理环境相互关系、空间运动、空间演变的规律，如人口增长、自然灾害、土地利用、环境污染、人口流动、产业转移、文化民族等问题的产生机制、原因以及解决

课题终期研究成果名称、内容、理论价值、应用价值等	这些问题的方法与途径。培养学生从身边生活环境中发现地理问题、解决问题的能力，树立人地关系的观点、可持续发展观念，促进学生认识家乡所在地区的生活环境，引导学生学以致用，培养学生实践能力，增强爱国、爱家乡的情感。 5.《广东省乡土音乐课程纲要》和《广东乡土音乐》教材 本课程纲要依据国家基础教育课程改革纲要和国家音乐课程标准编制，形成系统且具有广东特色的中小学音乐课程体系，是国家音乐课程的补充和拓展。主要包括课程性质和基本理念、课程目标、内容要求、实施建议等。本课程纲要目标清晰、内容明确、要求恰当、体系完整、实施建议可行，对规范我省中小学乡土音乐教学、建立和完善中小学音乐课程体系、促进音乐教学质量和水平的提高具有重要的作用。 《广东乡土音乐》教材根据本纲要的要求编写，力求体现地方课程对国家课程的补充性和教学内容的可选择性，反映当前先进的教育教学思想，以贴近学生生活、贴近社会文化、贴近民俗民情、激发学生学习兴趣、满足学生对乡土音乐文化的需求、方便乡土音乐教学活动的开展为原则，培养学生对地方音乐文化的关注和兴趣，传承广东地方音乐文化，提高学生音乐审美能力和音乐素养。 6.《广东省乡土美术课程纲要》和《岭南民间美术》教材 本课程纲要是根据《全日制义务教育美术课程标准（实验稿）》的要求编制的，体现新课程的基本理念，形成我省中小学美术课程的完整体系，彰显我省中小学美术教育特色，让学生了解自己家乡的人与自然、社会的关系和满足自身艺术素质发展的需要，进一步培养和提高学生的审美意识、美术素养，培养学生健全的人格，培养学生热爱祖国、热爱广东、热爱家乡的美好情感，促进个性发展，是对义务教育美术课程标准的补充和拓展。主要内容包括课程性质和基本理念、课程目标、内容要求、实施建议等。本课程纲要体系完整、目标明确、内容翔实、要求适当、实施建议可行，对规范我省中小学美术教学工作、提高教学质量和水平具有重要作用。 《岭南民间美术》乡土教材依据本课程纲要要求编写，体现了先进的教育教学思想——以激发学生的学习兴趣、满足学生的学习需

<table>
<tr>
<td>课题终期研究成果名称、内容、理论价值、应用价值等</td>
<td>

要、方便学生学习和教师教学为基本原则。教材介绍了广东地区最有代表性的不同区域的民居样式，增进学生对家乡的传统民居的了解和对全省不同的人文环境与自然环境的认识，还介绍了广东省陶瓷类民间美术、雕刻类民间美术及其他类型民间美术，各章的设置体现学科特征，各课之间为并列关系而非序列关系，便于学校根据各自的具体情况而选用。这本教材得到许多专家和教师的充分肯定。

7.《广东省小学一二年级英语课程纲要》和《儿童英语》教材

本课程纲要参考《全日制义务教育英语课程标准（实验稿）》的理论框架和标准体系，遵循少儿外语学习的基本规律和 6～8 岁儿童生理与心理发展的特点，突出少儿英语教学特点，反映地方或社区发展对学生英语素养发展的基本要求，体现了新课程的基本理念，是国家义务教育英语课程的补充和拓展。主要内容包括：课程性质和基本理念、课程目标、内容要求、实施建议等。本课程纲要的实施将有利于 1～2 年级英语教学的规范管理和正确引导，促进我省中小学英语教育科学发展。

小学 1～2 年级地方英语教材《儿童英语》依据《广东省小学一二年级英语课程纲要》要求编写，力求遵循儿童语言学习规律和特点，充分体现入门阶段学生的兴趣、爱好、愿望等学习需求和心理需求，在内容、目标和要求方面体现语言的工具性和人文性统一，紧密联系学生的实际生活，提供生动活泼地道的语言材料，设置尽量真实的语言学习情境，组织具有交际意义的游戏活动，以培养学生学习兴趣、初步的语音能力和用英语做事情的能力，同时为学生的全面和长远发展，特别是人文素养的提高和思维能力的发展打下良好的基础。

</td>
</tr>
</table>

课题资助经费总决算表

总资助金额：5000 元

	省教育厅已拨资助经费	课题自筹到位经费
2006 年度		
2007 年度		
2008 年度		
2009 年度	5000 元	
2010 年度		
合计：	5000 元	

单位财务部门公章
2010 年 6 月 20 日

课题主持人所在单位意见

成果质量是否达到鉴定要求；课题管理和经费使用是否符合规定；鉴定所需经费是否有保证	是否同意申请鉴定： 是（√） 否（ ） 单位盖章 负责人（签字）： 年 月 日

市教育科研管理部门审核意见

是否同意组织鉴定： 是（√） 否（ ）

单位盖章 负责人（签字）：
年 月 日

广东省中小学教学研究"十一五"规划课题评审委员会审核意见

是否同意结题： 是（√） 否（ ）

负责人（签字）：
年 月 日

广东省中小学教学研究"十一五"规划课题会议鉴定表

课题名称	广东省基础教育地方课程建设研究		
课题主持人	李文郁	主持人所在单位	广东省教育厅教研室
专家组鉴定意见			

拟研究的问题是否解决，研究目标是否实现，研究成果有何理论及应用价值，有何创新之处，尚存在哪些需要改进和进一步研究的地方：

是否同意通过鉴定：　　　同意（　　）　　　　　不同意（　　）

鉴定专家组组长签名：

鉴定组成员签名：

年　　月　　日

鉴 定 组 专 家		
姓　名	工作单位	职务、职称

广东省中小学教学研究"十一五"规划课题通讯鉴定表

课题名称				
课题主持人		主持人所在单位		
鉴定专家姓名		职务（称）	研究专长	
专家所在单位		电话	电子邮箱	

鉴定意见

拟研究的问题是否解决，研究目标是否实现，研究成果有何理论及应用价值，有何创新之处，尚存在哪些需要改进和进一步研究的地方：

是否同意通过鉴定：　　同意（　　）　　　　不同意（　　）

鉴定专家签字：

年　　月　　日

附录五

广 东 省 教 育 厅

广东省中小学教学研究
"十一五" 规划课题结题证书

课题类别：委托课题

课题名称：（J06-109）广东省地方课程建设研究

课题负责人：李文郁

参与人员：要志东　魏恤民　周顺彬

　　　　　　伍向平　周凤甫　（排名不分先后）

单位：广东省教育厅教研室

　　经审核，准予结题，特发此证。

广东省中小学教学研究
"十一五"规划课题评审委员会
二〇一〇年八月二十六日